公文書管理における
現状と課題

中京大学社会科学研究所アーカイブズ研究プロジェクト［編］

創泉堂出版

発刊にあたって

中京大学社会科学研究所長　檜山　幸夫

　本書は、本学社会科学研究所のアーカイブズ研究プロジェクトが行っているわが国における公文書管理制度に関する研究の成果の一部を、社研叢書45『公文書管理における現状と課題』として纏めたものである。

　本研究プロジェクトは、国際的にも最も後進国的な状態にあるわが国の公文書管理体制を、如何に改善し、国際的水準にまで引き上げていくのかという方法を模索することと、実践的で現実的な管理制度とは如何なるものであるのかを追究し、その実現を目指して提言することを目的としたものである。このため、本研究プロジェクトは地方自治体の現状を把握するため、公文書館を持っている自治体と持っていない自治体を訪ね、現場の声を聞きながらその実態を把握してきた。そこでは、各自治体が自らの条件を踏まえて、それぞれ独自の方法で公文書の管理を行っている状態を知ることができた。さらに、わが国の現状を改善するための参考事例を探すために、イタリア・ドイツ・スペイン・カナダにおけるアーカイブを調査したり研究したりしてきた。

　本来的には、このような研究の成果を踏まえて、わが国における公文書管理に関する提言をするべきであったが、森友学園問題や加計学園問題をはじめとする公文書管理をめぐる事件が頻発してきたこと、それらはまさに民主主義国家としての根幹を揺るがすものであること、かかる事態に日本社会が緩慢な反応しか示し得ていないことなどからして、改めてわが国が抱えている公文書管理制度の問題をその根源から問い直す必要があると考えた。この

ため、本書では、最終目的であるわが国における公文書管理に関する提言、つまりわが国における公文書管理とは如何なるものであるか、といった問題を保留し、そもそも如何に現在の状態が深刻な事態であるのか、それをどのように考えるべきなのかについて論じることにした。

　このため、檜山幸夫「日本の公文書管理のあり方について―アーカイブとしての公文書のあり方について―」が、現状の把握と管理制度上における問題点について、東山京子「戦前期行政機関における文書管理のあり方」がわが国における公文書管理は、実は戦前期はほぼ完璧で現在の事態そのものが異常であることを、桑原英明「行政管理としての公文書管理―政令指定都市の事例調査から―」は公文書管理法が公布されて 10 年近くが経過しているにもかかわらず、多くの自治体が公文書管理条例すら制定していない実情を、酒井恵美子「地方公共団体職員の公文書管理に関する意識―『行政文書の管理及び歴史文書の保存に関する意識調査』より―」は全国でも豊かな財源を有し、かつ 2003 年の平成の大合併により巨大な自治体となった豊田市の行政職員の公文書に対する意識について、手塚崇聡「公文書管理の電子化をめぐる法的統制の一考察―カナダにおけるデジタル化戦略とその法的統制―」はカナダにおけるデジタル化戦略の意義と法的統制のあり方を事例に、今後の日本の公文書管理における全面電子化について、それぞれ論じている。これらの論考から、今後のわが国における公文書管理制度を考えるための参考材料を提示できればと思う。

　次に、本研究プロジェクトが中心となって企画した、本社会科学研究所の学術講演の記録を収録した。それは、2015 年 12 月 11 日にイタリアのトスカーナ文書保護局長ディアーナ・マルタ・トッカフォンディ氏を招いて行ったもので、「イタリアのアーカイブズと文書保護局」というテーマで話されたものである。この講演では、イタリアのアーカイブズに関する貴重な内容が示されたことから、その資料的価値を踏まえイタリア語の原文と、それを日本語に翻訳した日本語版を収録した。講演におけるイタリア語の音声記録

のイタリア語への文字起こしと、そのイタリア語から日本語への翻訳とは、シエナ外国人大学の丸田美香氏によるものである。この講演は、古くからの文化的遺産を多く抱えかつ膨大で貴重な文書を保存してきているイタリアの文書行政の実態を知るために、トスカーナを事例とした、国の行政文書以外の公的な記録でもある、各地のコムーネや私企業、修道院や孤児院を含む各種団体、旧領主などが所有しているアーカイブズの管理・運営のためのガイドラインの策定や調査、大規模災害におけるアーカイブズの救出、歴史的価値の高い重要な文書の保護やその公開の促進といった、まさにイタリア文化の守護者ともいうべき文化保護局の活動についてのものであった。ここで語られた内容は、貴重な資料でもあることから、敢えてイタリア語の原文を合わせてそのすべてを収録することにした。

　なお、この紙面を借りて、講演後今日まで、講演者のトッカフォンディ氏には本研究プロジェクトが行っているイタリア各地の国立文書館から大学・コムーネ・修道院・侯爵家・旧家・孤児院その他各アーカイブの調査に多大の尽力を頂き、多くの成果を上げてきたことを記し、感謝の意を表したいと思う。

　本書は、JSPS 科研費 JP18H00705、2017 年度中京大学特定研究助成共同研究 B および 2018 年度先端共同研究機構研究プロジェクトによる研究成果の一部である。

目　次

日本の公文書管理のあり方について
―アーカイブとしての公文書のあり方について―

はじめに ― 現状認識

　本稿は、わが国における公文書管理をどのようにしていくべきであるのかについて、改革試案を立案するための考え方の基本を示すことを目的としている。内容的には、問題提起であり現行制度を考えるための仮説を示すもので、結論を導いたものではない。その最大の理由は、現行制度を改めるにしても、近年、起こっている問題が余りにも低次元的でアーカイブズを制度論的に論じるレベルではないほどに深刻な事態の連続であったことにある。かかる状況が作り出されてきている原因を解くためには、さらに多くの研究が必要で、それなくして現状を打開することは困難であるからにほかならない。単なるアーカイブズの理論で解決できるものではない。

　それは、筆者が今まで行ってきた公文書管理（私文書や歴史的史資料も含む保存と管理と利用）について、アーカイブズ学的研究（法制度論を含む）という理論的な視点と、国内の地方自治体や大学・研究機関・博物館・資料館・病院などでの現状を踏まえた実態的な視点、台湾・中国・韓国・スペイン・ドイツ・イタリアなどでの国際的な比較といった視点から、わが国の公文書管理のあり方を考えてきたが、その結果、わが国における公文書管理制

度を規定している現行の公文書管理法（正式には、平成 21 年 7 月 1 日法律第 66 号公文書等の管理に関する法律）の条文改正程度では、わが国が抱えている公文書管理にかかわる問題を到底解決することはできないとの結論に達したからである。現在、わが国で起こっている公文書の管理にもかかわるさまざまな問題の原因は、法的問題または法制度的問題というものだけではなく、実は、われわれの日本という国家の質や国家の機構や制度、国家の運用を担っている官僚、国政に携わっている国務大臣をはじめとする政治家、さらには日本の文化という根源的なところにあるように思われる。

　このことは、現在起こっている公文書管理にかかわるさまざまな問題の根源を探り、そこから改革の方策を模索していかなければならないことを意味しているといえよう。ここで、現在起こっている問題を若干挙げるならば、⑴森友学園問題にかかわる公文書の改竄、⑵加計学園にかかわる記録としての公文書の問題、⑶議事録問題としては、天皇の退位にかかわる皇室会議の議事録問題から、そもそも公文書管理法を無視して議事録を不要とする総務省や経産省といった法治主義国家以前の次元での認識の問題、⑷情報公開法の運用をめぐる問題、⑸電子情報化が進む中での電子メールの公用メールと公私メールの保存といった議論から、公用・私用という不毛な論争（公人の行為はすべて公用であるのは論を俟たない）が意味する深刻な認識の問題、⑹公文書の隠蔽問題、⑺永久保存文書や歴史的公文書の廃棄問題、⑻記録を残す意識と文化といった日本社会の質の問題、⑼国家の記録・国民の記憶という価値観の欠如や国家の財産に対する自覚の欠如といった官僚の質の問題、⑽形骸化した公文書管理法、法が守られていない国や地方自治体といった無法化する国家の問題、⑾厚生労働省の毎月勤労統計問題が示している国家の根幹と国家の信頼性にかかわる問題、といったように異常ともいうべきな状況にある。

　これらは、公文書管理という問題を遙かに飛び越えた、政府に対する国民の信頼、国際社会における日本という国家の信頼、日本という国家の名誉に

かかわる問題でもあることから、まさに日本という国家の根幹を揺るがすほどの問題であるといえよう。なかでも、より深刻なのは、(11)の統計問題はわが国の国家としての信頼にかかわる重大な事態であるにもかかわらず、政治家や官僚はもとより国民すらもこのことの重大さを理解しきれていないことにある。

　ここで挙げた事例の多くは、首相がかかわった事例を含めて安倍晋三政権下で起こったものではあるが、(8)の記録を残す意識と文化や、(11)統計問題はそれ以前から続いている問題であることから、決して安倍政権だけの問題（事態が起こってからの対応の仕方は政権の問題）ではなく、日本という国家や社会の問題として捉えていかなければならないことを意味している。その深刻さとは、『京都新聞』が報じた[1] 滋賀県甲賀市選挙管理委員会の衆議院選挙白票水増し問題に象徴されているように、法治主義の民主主義国家としての根幹を揺るがすほどのものが、わが国で起こっているということにある。

　この甲賀市選挙管理委員会が起こした前代未聞の総選挙の集計作業における不正行為とは、2017 年 10 月に行われた衆議院選挙において起こったもので、それを『京都新聞』は「滋賀の市選管が白票水増し　衆院選で不正、未集計分廃棄」と題して、「滋賀県甲賀市は 5 日、昨年 10 月の衆院選滋賀 4 区の開票作業で、市選挙管理委員会の事務局長らが、投票総数と開票した票数の食い違いをごまかすため、白票を数百票水増しして集計していたと発表した」とし、その原因は「市選管によると、衆院選は市議選と同日に行われ、開票作業は 10 月 22 日午後 9 時半に始まり、小選挙区は 23 日午前 2 時 5 分に結了。開票数が投票数を数百票下回っていたため、選管事務局長を務めた市総務部長（57）ら選管幹部 3 人が相談し、開票作業の遅延を防ぐために白票として処理することを決めた。会場を片付ける際に未開封の投票箱 1 箱を

---

1)「白票水増し、職員聞き取り内容を一転非公開　幕引き優先に批判」(『京都新聞』2019
　年 2 月 4 日 13 時 27 分配信電子版)。

見つけ、不正の発覚を防ぐため課長級の職員 1 人が未集計の票を持ち帰って廃棄したという」[2] と報じていた。これは、法治国家としての日本の崩壊を意味してもいる。しかも、民主的で真面な地方自治体と認識されている [3] なかでの不正行為は、政治的意図がなかったとはいえ、遵法精神の欠如として考えていかなければならない。それは、国家の根幹を揺るがす現象として捉えていくべきであろう。

　以上のような状況を踏まえながら、近年起こっている公文書管理に関する問題に取り組んでいくためには、国家の組織機構論や現代官僚論だけではなく、現代政治論、さらに国家や国民の歴史に対する意識や記録に対する認識といった、この国の本質や国家機構の根幹にかかわる問題という視点から考究していく必要があろう。勿論、これらの問題については編著者の『アーカイブズ学要論』[4] や『地方公共団体における公文書管理制度の形成』[5] に収録した論考で詳細に論じているが、それだけでは不充分であることから、敢えてここで問題を提起していきたい。なお、紙幅の関係から、本稿では最も問題と思われる若干の事例を挙げて、その根源を探りそれを解決するための考え方を述べることにする。

1．公文書の改竄問題

　森友学園問題や加計学園問題は、安倍政権と官僚機構の腐敗にかかわる

2）『京都新聞』2018 年 2 月 6 日 7 時 10 分配信・電子版。
3）文書管理に係わる記事であるが、「問題意識の高い自治体職員」（『朝日新聞』2018 年 8 月 15 日、1 頁）として住民に密着している自治体職員の意識の高さを評価したものであるが、選挙管理員会というより重い業務なのかでの不正行為は、森友学園や加計学園の問題同様に、日本社会の将来を暗示させるものでもある。
4）拙稿「アーカイブズとは何か」（中京大学社会科学研究所叢書 33『アーカイブズ学要論』、中京大学社会科学研究所、2014 年、所収）。
5）拙稿「日本の公文書管理制度について」（中京大学社会科学研究所叢書 42『地方公共団体における公文書管理制度の形成―現状と課題―』、中京大学社会科学研究所、2017 年、所収）。

国家の存亡をも揺るがすものではあるが、さらにそのなかでより深刻なのが公文書の改竄という問題であろう。『朝日新聞』2018年6月9日の紙面に「『文書が力の財務省』改ざんまさか」[6]と題した記事が載っているが、まさに公文書の改竄が中央官庁で平然と行われていたということで、その衝撃は大きく、しかもそれは国家の根幹に関わるもので公文書管理制度以前の問題であった。

　確かに、わが国における公文書管理やアーカイブズに関する現行法制度上の欠陥は、同法に厳格な処罰規定がないことにある。勿論、同法に敢えて罰則規定を設けなかったのは、法案立案者達のなかに、官僚に対する不信感があったことにあるが、そもそもそれ自体が問題で、しかもそれは現代官僚の実態を踏まえるならばおおむね理解されることではある。だが、注意しなければならないのは、それが真の官僚の本質を見抜いた論議であるかのように一般に理解されている点で、それには大きな疑問があるからにほかならない。それは、あくまでも官僚のある側面を捉えただけではないかと思われるためである。そもそも、官僚制の力は、記憶力と記録による情報の独占にあるからで、官僚にとって重要なことは詳細な記録と正確な情報を握り、それを独占することにある。したがって、官僚が公文書を改竄したというのは、官僚制が岐路にさしかかっていると考えるべきではなかろうか。それは兎も角として、公文書の改竄という犯罪的な行為が行われ、しかもそれが処罰さえなされないということは、現行公文書管理法に改竄や廃棄の際の罰則規定がないことが原因の一つの理由になろう。

　そもそも、現行法で処罰規定を設けなかった理由について、福田康夫元首相は「法改正で罰則を設けることには踏み込みませんでした」として、「今は必ずしも必要ではない。罰則を意識して文書そのものを作らなくなるのを恐れるべきだ」[7]と述べているように、現代官僚に対する不信感が前提にあっ

---

6)『朝日新聞』2018年6月9日・9頁。
7)「改ざん問題　福田元首相訴え『公文書作らず』困る」(『毎日新聞』2018年7月27日・5頁)。

たからである。それゆえ、同法を立案するときの関係者の共通認識は、処罰規定を設けると、記載した内容について責任を取らされることを恐れて官僚はかえって公文書を作成しなくなるため、それを避けるために処罰規定を設けなかったという。しかし、実際の森友学園問題の経過をみるならば、その認識は必ずしも間違いであるとは言い切れないが、正しくはないことがわかる。

　間違いではないというのは、事実として記録を残さないという指示が官庁内に出されているという話は聞くからで、おおむねその認識は間違っていない。公になっているものでも、メモは公文書ではないとかメモは残さないといったように記録を選別し、都合のいいものだけを残すといったことや、後日当事者間で調整した記録だけを公式な記録として保存するといったこと、他機関などとの協議の記録も作成したものを相互に確認しあったものだけを公式の記録として保存するといったことや、さらに議事録でも主たる発言を含め詳細な審議経過を記載せずに、結論だけを記録するというように議事録としての意味をなさないものすらある。明らかに、記録というものの存在価値や存在意味をなくすような実情があるからにほかならない。

　だが、それは官僚にとって重要度の低いものであったり不都合なものの場合であって、業務遂行上において詳細に記録しておかなければならないものは必ず作成し保存しているということを見落とすべきではない。なぜならば、それなくしては業務に支障が出るからだけでなく、そのような詳細な記録を残しているからこそ官僚が存在する理由がある。官僚制の特徴である先例主義は、業務の効率化だけではなく官僚の存在を示すものであるとともに、官僚の保身のためでもあるからだ。かかる官僚の特性を前提に考えるならば、罰則規定は絶対的条件にしておかなければならない。

　公文書管理法において罰則規定を設けるとするならば、その処罰理由は国家の記録であり国家の財産に対する罪として規定していかなければならない。それは、公文書が国民の知る権利を担保するための記録であり、国民

の財産であるからで、そこにおける違法行為は国家に対する犯罪であると看做さなければならない。もっとも、現行法制度上での公文書の改竄とは、刑法第155条の公文書偽造罪に該当するもので、そこには「行使ノ目的ヲ以テ公務所又ハ公務員ノ印章若クハ署名ヲ使用シテ公務所又ハ公務員ノ作ル可キ文書若クハ図画ヲ偽造シ又ハ偽造シタル公務所又ハ公務員ノ印章若クハ署名ヲ使用シテ公務所又ハ公務員ノ作ル可キ文書若クハ図画ヲ偽造シタル者ハ一年以上十年以下ノ懲役ニ処ス」（第1号）とあり、さらに同法第156条では「公務員其職務ニ関シ行使ノ目的ヲ以テ虚偽ノ文書若クハ図画ヲ作リ又ハ文書若クハ図画ヲ変造シタルトキハ印章、署名ノ有無ヲ区別シ前二条ノ例ニ依ル」とあることから、森友学園問題は「公務員ノ作ル可キ文書」に対する改竄であることから「一年以上十年以下ノ懲役」に処せられる犯罪行為で、しかも、森友学園問題は国家の財産である公有地の売買に関する問題であることから、国家に大きな損害を与えた重大な「国家に対する犯罪」として厳重に罰せられるべき事案であろう。それは、同法が第17章「文書偽造ノ罪」のなかの第155条「公文書偽造」として定められているからでもある。それが、適用され処罰されていないところに日本社会が抱えている深刻さがある。少なくとも、この事案は国家の存立基盤に重大な影響をもたらすものであることの理解ができていないことをどのように捉えていけばいいのかが課題となろう。勿論、かつて千葉県で起きた公文書の廃棄という行為は、県民の記録、県民の財産を廃棄したということで、改竄と同様に重大な犯罪行為である。その行為に対する日本社会の受け止め方を見ると、ことの重大さを理解しているとは思えない。廃棄・破棄された文書は、消された記録となり、二度と戻すことはできないからだ。

２．公文書の概念と公文書館としての機能化

　公文書管理をめぐる議論が起こっている原因の一つが、そもそも公文書を

どのように位置づけるかについての考えが纏まっていないことにある。そこで、改めて「公文書」の概念について考えてみたい。

　まず「公文書」を法がどのように見ているのかについてであるが、法がいう「公文書」の定義について『新版新法律学辞典』では、「公文書（öffentliche Urkunde）とは、国又は地方公共団体の機関（公務所）又は公務員がその職務上作成した文書であり、そうでない文書が私文書（Privaturkunde）又は私署証書である。公証人が私署証書を認証した場合のように、私文書と公文書とが併存している文書もある」[8] としているように、「国又は地方公共団体の機関又は公務員がその職務上作成した文書」とあることから、行政文書が前提となっている。

　行政文書を前提としている公文書管理法での「公文書」の範囲であるが、同法が政策決定過程を跡付けできる、検証できる記録、を求めていることから、会議のメモや廃案となったものまでの、業務遂行に携わって記載されたすべてということになろう。すなわち、加計学園問題での議論はまさに不毛であって、愛媛県職員が行った会談でのメモは法的にも証拠能力を持つ重要な記録であり、公文書学的にも貴重な検証史料となる[9] ことは言を俟たない。廃案文書ですら、採択された案件の決定過程を記録した資料（証拠）の一つであり、それは「機関又は公務員がその職務上作成した文書」の一つであることから、当然保存していかなければならない。ちなみに、台湾総督府文書には採択されなかった廃案文書が廃棄されることなく保存されていた。つまり、採択した文書だけを保存するというのは、行政行為記録という観点からすると不完全で、後の行政にとっても役に立たない。つまり、「公文書」の

8）『新版新法律学辞典』、我妻栄編集代表、有斐閣、1968 年。
9）メモがいかに重要な資料であるかの一例として、日華国交断絶の際に椎名悦三郎と蒋経国との会談で議事録が作成されないなかで、通訳としてその席に同席し記録した中江要介のメモが、日中外交史にとって重要な歴史的価値を持っていることからも理解できよう。詳細は、拙稿「日中国交回復に伴う日華国交断絶における椎名悦三郎・蒋経国会談記録について－外務省参事官中江要介の会談記録『中江メモ』の史料論－」（『社会科学研究』第 24 巻第 1 号・2003 年、所収）を参照されたい。

範囲は、発生から決裁および執行にかかわる報告（完結）までのすべての記録となる。

　だが、これは現行法制度上での考え方で、国家の記録、国民の記録（市民の記憶を含む）という意味からすると、明らかに不充分である。それは、「機関又は公務員がその職務上作成した文書」としての行政文書＝公文書（狭義の意味での公文書）は、国家の記録や国民の記録の一部ではあるが、すべてではないからにほかならない。国民の知る権利と国家および国民の記憶としての記録という観点からすると、狭義の意味での「公文書」だけではなく、国民が記録した文書もこの領域に加えなければならない。すなわち、公文書と対置する語としての「私文書」であるが、ここでの「私文書」とは法がいう「私文書」ではない。つまり、「機関又は公務員がその職務上作成した文書」である「公文書」以外に、国家および国民にかかわる記憶を記録した文書（大臣・次官などの政治家や高級官僚が作成または取得した文書から兵役を課せられ従軍した兵士が作成または取得した文書まで）を含めるからである。なぜならば、「公」とは、国家機関や自治体機関を指すものではなく、国家や国民（住民）による社会を指すからで、まさに「公的なもの」という概念として捉えるべきであろう。したがって、現行の公文書管理法が「行政文書等の適正な管理、歴史的公文書等の適切な保存及び利用等を図り」（第1条）と行政文書を前提としていることから、この考えを修正していく必要がある。つまり、ここでの「行政文書」とは「行政機関の職員が職務上作成し、又は取得した文書」（第2条第1項第4号）で、それは「公文書等」に一括される（同条同項第8号に、「公文書等」には、「行政文書」「法人文書」「特定歴史公文書等」が含まれるとされている）ことから、事実上、行政文書＝公文書として理解されているとみてよい。だが、この考え方そのものが、わが国における公文書管理をめぐって起こる問題の原因となっていることを見落とすべきではない。

　もっとも、現行法制度上での解釈がなされたのは、おそらく先に公文書館

法が制定されていたことによるものではないかと思われる。公文書館法（昭和62年12月15日法律第115号）の第2条には「この法律において『公文書等』とは、国又は地方公共団体が保管する公文書その他の記録（現用のものを除く）をいう」とあるからで、その考えは刑法に見られるような一般的な解釈であったことから特別のものではない。同法の「公文書等」とは、「国又は地方公共団体が保管する公文書その他の記録」と定義され、さらに「非現用」の文書という縛りすらかけられているように、この考えの特徴は文書の管理権が主務省や主管課といった原課に置かれていることを前提にしたものであった。これによって起こったのが、主務省は「現用」を楯に重要な文書を国立公文書館に移管しようとしないという問題であった。その結果、国立公文書館は各省庁で不要となった非現用文書の倉庫化した状態になっていく。それは、同館が所蔵している文書を実際に見るならばよくわかる。

　近代国家における法の執行は、官報に掲載されることによって行われるため、最終決定文書というのは歴史的資料としては重要なものではあるが、過去の政策の検証や歴史的研究史料という意味では、ほとんど資料的価値はない。歴史研究者も一般市民も、過去の政策の可否を検証するのは、なぜそのような決定に至ったのか、誰の意思で決まったのか、何が理由でそうなったのかであり、それらを知り得るすべての証拠となるべき史料が必要になる。それ故、メモであろうが素案であろうが、すべての証拠となり得るもののすべてということになる。勿論、すべての文書を保存するという原則ではあっても、現実的には収蔵の容量の関係から無制限であるわけではない。

　いずれにせよ、検証可能なすべての史料が移管されていない現状の国立公文書館は、少なくとも歴史研究者にとって最も魅力のない存在でしかない。その理由は、公文書の管理権が公文書館にないからである。このため、管理権を持つ主務省や主管課が現用の段階でまず文書の選別を行い、省内など執行機関等の現場が定めた内規等によって運用されていることから、検証に必

要な資料が残らない。それを改めるためには、一部の地方自治体で用いられているように、結了後は速やかに文書を主管する課に引き渡される（原則的には結了年度内に移管）という制度にする必要があろう。つまり、すべての文書は結了後直ちにその保存管理を担っている国立公文書館に移管し、そこで主務省担当者と協議しながらも保存年限にかかわる第一次選別から公文書館が主体となって、公開・非公開の識別と情報公開法にかかわる措置を講じるという方式を用いるべきではなかろうか。それがあって初めて国立公文書館の存在理由が達成されることから、わが国における公文書管理をめぐる問題の解決には、まず公文書館としての機能を充分に発揮できないでいる現状を改めなければならない。

　そのためには、文書の管理権について考える必要がある。そもそも、文書管理の方式は大きく三つに分けることができる。第 1 型が中央管理方式で、第 2 型が分散管理方式、第 3 型はその折衷方式である。第 1 型は、公文書館や文書課等の文書管理を専管する機関が文書管理についての権限を有し、そこがすべての文書を収集しかつ集中管理するというもの。第 2 型は、中央官庁や地方自治体などで用いられている方式で、主務省や原課が保存権限を有しかつそこが管理するというもので、日本ではこの方式が圧倒的に多い。第 3 型は、日本の現状であり、文書管理権の極めて弱い国立公文書館を中心としたもので、ある意味では日本型といってもよいであろう。

　これらは、文書の保存権限の問題と文書保管という物理的問題とがかかわっているが、国際標準は第 1 型で最も理想とする方式である。省庁の中では、文書管理を専管する部局をもって完璧に管理しているところもあるであろうが、多くは薬害エイズ訴訟問題を起こした厚生省や外務省の本省のような状態になっているものと思われる。その点、神奈川県や沖縄県、久喜市や読谷村のように公文書館を設置して集中管理していたり、太宰府市のように公文書館は設置していないが、庁内に公文書館機能を持たせたりしているように、地方自治体のほうが遙かに先進的である。日本で最も多いのが第 2 型

であるが、そこでは文書を管理する部課はあくまでも書庫係的な役割しか果たしておらず、実際の選別から廃棄までのほとんどが原課に権限があり、完全な管理が行えないでいる。つまり、国立公文書館法も公文書管理法も第1型を目指して制定されたものではあったが、同法の欠陥は実情から乖離しているところにあり、それは現実を理解しないままに制度設計を行ったことに起因している。

　この現実を認識しないままに制度変更を行ったのが、文書の保存年限の変更であった。現行の公文書管理法は、公文書館を設置しすべての公文書管理を公文書館に委ねるという理想に基づいたものであった。これを実現するためには、それまで主務省や原課が持っていた文書管理権限を解かなければならず、そのため、「現用文書」「非現用文書」という概念を用いて「現用」をはずして「非現用」として文書を公文書館に移管できるようにした。このためには、文書の保存規則を変更させなければならないが、そもそもその考えが間違っていた。主務省から公文書館への文書の移管とは、文書管理権を移すことを意味するが、それは基本的に文書管理権を公文書館に持たせればすむことで、敢えて主務省や原課に与える必要はなかったからである。主務省や原課は、行政の執行機関であり、執行するために作成・取得した文書は事案が完結（結了）した段階でその役割を終える。このため、結了した文書は、その段階でかかる文書を管轄する機関に移管されそこで管理される。それが公文書館である（公文書館を設置していない地方自治体では文書管理を専管する文書課や総務課などの機関を指す）。それを、敢えて主務省や原課に「現用」という根拠を与えて文書の管轄権を持たせ、さらに、その「現用」をはずすために文書の保存規定を改正し、本来的には永久に保存すべきものとして保管されてきた文書を「30年保存」として有期保存に変えたのである。この誤りは、文書保存規則の理解が間違っているところにもある。この文書保存規則とは、名称は「保存」とあるが、考え方は「廃棄」規則であって、廃棄できない文書を「永久」「永年」として保存してきたものでし

かない。

　確かに、法制度論的にいうならば、公文書館に移管させるためには主務省や主管課が握っている文書の保管権限を解除しなければならず、そのためにはその根拠としている「現用」という看板を取り除かなければならないことから、その基になる文書の保存期限を限定させなければならないとした理由は理解できないことはないが、それは現行制度に追従しただけのことであって、公文書管理法を制定し、公文書館法を改正するときに、法概念の変更を行えば済んだことであった。この結果、文書管理権は依然として主務省に残され、その保存にかかわるすべてが主務省に委ねられ、文書管理法は形骸化する結果を招いただけではなく、それまで永久保存文書とされていたものがいとも簡単に廃棄されるという事態を招くことになった。

　そもそも、完結した案件の文書を、主務省や原課が保管しなければならない理由はどこにあるのであろうか。確かに、実務において直近の事案にかかわる文書を手元に置いておくのは効率的であるかのように見れないことはない。しかし、それはそれらの文書が正しく分類整理され、完璧に管理されている場合であって、現実的にはそのような状態にはなっていない。薬害エイズ訴訟問題や従軍慰安婦問題に見られたように、主務省に保管されていた文書（または存在していない文書）でありながらも、その所在がわらなかったことによる混乱というのが現実の問題である。膨大に溜まっていく文書を管理していくためには、分類整理という実務的な作業と、詳細な検索用目録を作成し、必要に応じて直ちにすべての文書を探し出し、使えるようにしていかなければならない。そのために、専任で専属の専門職員とそれを担えるアーキビストが不可欠で、それらを備えた文書管理を専管する機関・組織を設置すべきであろう。

3. 電子メールと公私の問題

　文書の管理権を公文書館に委ねなければならないというのは、現状が主務省や主管課に管理権があるために不毛で無意味な議論が起こるっているからでもある。その一つの事例を、電子メール問題に見ることができる。ここでの問題とは、電子メールという記録媒体の問題と、公用メールか私用メールかという公私の分別問題ということになる。

　2018 年 1 月 15 日の『毎日新聞』の紙面に、「公用メール　裁量で廃棄」と題する記事 [10] が載った。同紙の 3 頁には、「公用メール廃棄　『私的メモ』公開逃れ」[11] として、「消去とウソ大丈夫」「官僚個人の判断で情報公開の対象外とされたり、削除されたりしている。官僚たちは『電話と同じ』『私的なメモ』と話す」「国会議員と面談し、やりとりの内容をメールに書いて上司らに一斉送信して報告した。でも公文書にしない」といったように、極めて恣意的に判断され運用されている実態が報じられていた。この問題の深刻さは、官僚が国政に携わっているという自覚が欠如していることと、国家に対する責任感が希薄であることだが、その背景には制度的欠陥として文書管理権が国家にあるのではなく、当事者に委ねられているところにある。

　さらに、同紙が「メール 1 年で自動廃棄　国交省政策検証困難に」として報じた記事 [12] に事態の重大さが見えてくる。そこには、「省庁で利用が急増している公用電子メールについて、国土交通省は 2 月から、送受信後 1 年が経過したものをサーバーから自動的に廃棄することを決めた」とし、さらに「公文書に該当する場合でも、官僚の裁量で重要性が低いと分類されれば保存期間は 1 年未満となる」と、制度的運用によるものではなく極めて恣意的な個人的判断により廃棄をより短期間で行えるようにしたという。その背景

10）『毎日新聞』2018 年 1 月 15 日・1 頁。
11）『毎日新聞』2018 年 1 月 15 日・3 頁。
12）『毎日新聞』2018 年 1 月 16 日・1 頁、「公文書　クライシス」。

には、それを示した「指針案には、廃棄可能なメールが『（情報公開の）対象になり得ることに留意する必要がある』と記されていた」からという。このように、基本的な考え方は「森友学園問題や南スーダンPKO日報問題」では、「政府が、『保存期間１年未満』との理由で文書を廃棄したと説明」したとあるように、極めて意図的な事実の隠蔽作業を行うことができるようになっているといえよう。

　そもそも、電子メールとは電子媒体による意思伝達方法であって、紙媒体の書簡と基本的には同じものである。したがって、電子メールだけを敢えて違った取扱いにする理由はない。公文書の中には、定型用紙の文書だけではなく、私信類の文書も含まれている。これらは、多くの場合永久保存とされ残される。それは定型の場合の案件処理は、ルールに従って機械的に行われることから、問題化されることは少ない。しかし、私信といったものや組織外の者や機関との関係は例外的事項であることが多く、それだけに保存という措置がなされる。したがって、財務省が60日で自動的に削除する[13]というのは、余りにも乱暴で記録を残していかなければ組織として維持できなくなるという大原則を理解できていないといわざるを得ない[14]。

　もっとも、わが国においては電子化についての理解が遅れている関係で、不適切な扱いがなされているようである。電子化の利点は手軽さにあるが、それだけに危険度が高いということでもある。2018年1月21日の『毎日新聞』に、「森友メール『ない』　開示請求　財務・国交省扱い不透明」[15]と題した記事が載っているが、そこには「『森友学園』への国有地売却を巡って、担当省庁の財務省と国土交通省、両省の出先機関が交わした電子メールを情報公開請求したところ、『ない』との理由で一通も開示されなかった」とし、

---

13)　『毎日新聞』2018年2月8日・24頁。
14)　なお、国交省は自動廃棄を撤回した（『毎日新聞』2018年2月3日・1頁）とはいえ、そこでは「他府省の動向見る」という立場を取っていることから問題の本質が理解できていないのではないかと思われる。
15)　『毎日新聞』2018年1月21日・1頁。

そこでは「保有が確認できない」といった回答もあったという。電子メールは世界に繋がっている情報であることから、機密保護の観点からも存在の完璧な管理が必要であるばかりか、その使用法を含めて厳格に管理されていなければならないことからも、財務省や国交省の対応は不適切である。先の米国大統領選挙において、当落を決めるほどの影響をもたらしたものに、この電子メールの扱いがあったことを想起するならば、電子メールの保存管理と公私メールの厳格な取扱いを規定し遵守させるということは最低限度の条件であろう。

　ここで争点となる公用メールについて、『毎日新聞』が「安部晋三首相や安倍政権の全ての政務三役」が「職務上送受信した電子メール」についての情報開示請求をしたところ、「130人分大半保存されず」[16]であったと報じていた。この回答が真実を物語っているのかについては大いに疑問が残るのでその点は保留したとしても、公人がその職務に関わり使用する電子メールの管理については認識の誤りを正す必要があろう。

　そもそも、電子メールは単なる伝達手段の一つであることから、通常の公文書での取扱いと同等でなければならない。敢えて近いものでいうならば、電話と同じであるが、電話は音声を録音していなければ会話の内容を保存することはできないので同等ではない。勿論、電話といっても国家元首などが外交交渉する際には録音しているように、基本的には公用の通話は盗聴を防禦（漏洩の防止）する手段を講じておくことはいうまでもないが、その会話の内容は記録しておくべきものである。したがって、電子メールも同様に公用電話と同じように扱っていかなければならない。ましてや、外部からの侵入が容易な電子メールは、より厳格に運用されなければならないのではないか。

　次に電子メールによる情報の保存について、同紙は2月25日の紙面で、

16）『毎日新聞』2018年1月31日・1頁。

「省庁メール自動廃棄　育たぬ『保存』文化」と題して「公用電子メールを自動廃棄している省庁」として、「財務省（60日間）・厚生労働省（6カ月）・防衛省（30日から90日）・検察庁（2カ月）・国税庁（68日）」であったと報じていた[17]。彼らは、電子化時代であるにもかかわらず、電子メールは伝達の媒体の違いでしかないことを理解できず、基本的には紙媒体と同様に公文書と同じものであるという認識すらも持ち合わせていないように思われる。ここで注目しておきたいのは、公文書管理の問題と同様に中央政府の官僚よりも地方自治体の職員の方がより正確に理解しているという[18]、中央と地方の逆転現象が起こっていることだ。そのような者が、わが国の国家としての制度設計に携わっているという現実を考えると、事態の深刻さを理解することが出来るのではなかろうか。

　さらにより憂慮すべきであるのが、同紙の5月1日の紙面[19]に掲載された事例である。そこには、「政務三役　公務に私用メール　記録残らぬ恐れ」と題して、「政務三役」に使用状況を取材したところ、「7人が公用メールを使わず、私用メールや通信アプリ『LINE（ライン）』を使っていたと証言」しているとし、公私の分離については、私用メールで「官僚とは日程調整や指示、副大臣らとは意見交換などに使っていた」とか、「私用携帯のショートメールで人事についてやりとりをしたことがある」といったことから、さらに「自分の省庁が得た重要情報を携帯電話の使用アドレスで官邸幹部に伝え、安倍晋三首相、菅義偉官房長官、首相秘書官らともやりとりした」と語ったと、日本の国家の中枢を占める者が全く危機管理能力を欠いているといった状況にあると報じられている。その理由についても、同紙は「危機管理より利便性」から政務三役は「情報漏えいの恐れ」のある「公務にLINE

や私用メール」を用いているという[20]、政治家としての資質が問われる事態にある。

　このような異常な状態は、戦後の特徴といえる。戦前期の行政官庁では全く考えられない事例であるからだ。ここで、戦前の行政機関における私文書である書簡（私信）の取扱いを台湾総督府文書からみるとよく理解できる。台湾総督府文書には、成案に至るまでの間に各機関の長がさまざまな意見を原文書に書き込んでいく（実際は付箋を貼付してその意思を記録させている）が、さらに公文書類の中に書簡が綴られている文書もある。そのほとんどが人事関係書類であるが、その案件は通常の取扱手続きによる人事ではなく、特例的な措置として行われた人事案件であった。それは、例外的な措置を行うにはそれを強く進めた者がおり、担当者の責任ではないことを記録しておく必要がある（責任の所在を明確にして自分を守るため）ため、敢えてその記録を残そうとする。もっとも、私信という方法が用いられるのは、人事案件だけではなく通常の手続きや取扱いでは処理できない案件や込み入った案件だったりした際にも多く見られる[21]ように、戦前期では担当者や担当した部課の責任にならないように、その証拠を残そうとしていた。このことからも、いかに森友学園問題や加計学園問題が異様なことであったかが理解されよう。

　いずれにせよ、公私の未分離、危機管理能力の欠如、国政を担っているという自覚と責任感の欠如といった状態にあるということだが、深刻なのはその当事者だけではなく、これらのことを問題視しない日本社会にあるというべきだろう。その視点からの追究が必要ではなかろうか。

---

20)『毎日新聞』2018 年 5 月 1 日・3 頁。
21)　例えば、大正 5 年 5 月 1 日に決裁され認められた台湾製糖株式会社の民業地との官租地交換の案件は例外的な事案でもあったことから、所轄の阿緱庁長立川連から台湾総督府財務局税務課長高山仰に私信を送って取扱方の依頼を行っていた（『大正五年台湾総督府公文類纂』第 61 巻第 10 文書、国史館台湾文献館蔵）。

４．国家の記録としての議事録の問題

　現行憲法は、国民主権主義に基づきつつ、国民統合の象徴としての天皇の存在を規定した象徴天皇制国家として存在している。したがって、国政における重要な事案の一つに、天皇問題がある。近年の天皇案件で最も重要なのは、今上天皇の在位中における退位であろう。平成天皇の退位にかかわる皇室会議の記録は、現行憲法上でも最も重要な会議の記録の一つといえよう。

　戦後日本における重要な天皇の退位についての皇室会議議事録の問題であるが、2018 年 12 月 13 日の『朝日新聞』の紙面に、「退位日決定　議事録『なし』」と題した記事が載っており、そこには 2017 年 12 月 1 日に開かれた皇室会議の議事録について、「宮内庁は『不存在』と回答」したとし、その理由について、「異論が出たことを表面化させない狙いからだとみられる」としていた[22]。その理由として、同紙は、今上天皇の退位について安倍政権は 2019 年 4 月 30 日を退位日とする案を持っていたが、皇室会議においてこれに「異論」が出たことから「それを表面化させないために、議事録ではなく、簡易な『議事概要』の作成にとどめる判断をしたようだ」と述べている。さらに問題となるのが、まず「議事録は出さないために作らなかった」とし、官邸幹部も「情報公開請求に対して非開示としても、不服申立てで開示を命じられるリスクがある。出せるものしか作らない方がいい」という極めて政治的判断によるものであったこと、かかる事実の隠蔽の体質は「メモを取ったがシュレッダーにかけたとの証言もある」とし、さらに安倍政権の退位方針に筋道をつけた「天皇の公務の負担軽減等に関する有識者会議」での記録も、実は「一代限りで退位を可能とする特例法を推奨」することとなる重要な発言をした者が「政府側出席者によるものだった」ことから、この事実が残ることを嫌った政府が政治的判断で審議経過を詳細に記録する議事

22）『朝日新聞』2018 年 12 月 13 日・1 頁。

録を作成することを避けて「議事概要」に変えたとしている[23]。

　この今上天皇の退位という、天皇制国家における重大な歴史的決定事項について詳細な記録が作成されていないということは、公文書管理法以前の問題であろう。この詳細な記録を残さない理由について、菅官房長官が「『国民がこぞってお祝いすべき日』なので『誰がどのような意見を述べたかを明らかにするのは、必ずしも好ましいことではない』」[24]としているが、余りにも軽薄な説明である。

　そもそも、公文書管理法は政策決定過程を検証できるような資料を残すことと、審議経過がわかるような議事録の作成を求めており、ここで政府が作成した「議事概要」を議事録に代えるというのは違法となる。つまり、象徴天皇制国家における重大な制度変更という歴史的事件について詳細な記録が作成されていないということは、歴史的にも批判される事例であるとともに、公文書管理法に抵触する行為ということになる。問題は、それが日本社会において大きく問題視されていないところにあろう。かかる事象について、瀬畑源の「国の公文書への姿勢は戦前よりも後退している」[25]との指摘は当然であるが、事態はそれ以上に深刻なところにあるといえる。

　この議事録をめぐる記録の問題は、これだけではないようだ。例えば、『毎日新聞』が報じた、「町村総会」の議事録問題がある。それによると、高知県大川村が検討していた「町村総会」の議事録[26]について、「総務省研究会　議事録『ない』実は存在　『町村総会』誘導隠す？」とか、「議員のなり手不足に悩む高知県大川村が検討を始めた『町村総会』を巡り…町村総会に消極的な同省幹部が議論に深く関与している状況が記されていた」議事録が非公開として開示されなかったが、それこそが「省庁の都合で、政策決定

---

23)『朝日新聞』2018 年 12 月 13 日・4 頁。
24)『毎日新聞』2018 年 9 月 17 日・3 頁。
25) 同上。
26)「議事録を隠す総務省」(『毎日新聞』2018 年 7 月 22 日・1 頁)。

過程を記した文書が国民の目から遠ざけられている」としているように、そこには、議事録とは何か、公文書とは何か、といった基礎的知識や認識の問題があると考えるべきであろう。さらに問題なのは、「『議事録不要』文書公開　経産省　官房長官『問題ない』」[27]とする認識であろう。いずれにせよ、これらの事例は公文書管理法や情報公開法の法制度的問題というより、政治家と官僚の知識と認識のレベルの低さとともに、国家と国民に対する責任感の希薄さに起因しているとみなければならない。つまり、この問題は、国民の記録を残す意識と文化、国家への意識の低さにある。

　勿論、それは情報の私物化というより本質的な問題に起因している点に注視すべきであろう。それは、公文書管理法や公文書館法も、憲法に定めている主権者たる国民の知る権利を担保するために定められたもので、それをより具体的に現代政治に即して定めたものが情報公開法であるが、これを可能な限り回避しようとして、中央官庁と中央官僚がさまざまな工夫をしている。その一つが、情報非開示策として保存している文書の件名を曖昧化するというもので、それは、公文書の隠蔽策の一つとして行われているもので、「ファイル名の暗号化」[28]や、「抽象的件名」[29]、さらに「ぼかしや分かりづらい件名」[30]を用いるという方法である。極めて姑息な手段を使っての情報隠蔽策であるが、こうしてまでも情報開示を避けようとする官僚機構が支配している国家とは何かを問わなければ、問題の本質にたどり着くことはできないのではなかろうか。さらに、『毎日新聞』は「知られないための廃棄処置」[31]とまで報じている。

27）『毎日新聞』2018 年 8 月 31 日・31 頁。
28）『毎日新聞』2018 年 5 月 13 日・1 頁。
29）『毎日新聞』2018 年 6 月 14 日・1 頁。
30）『毎日新聞』2018 年 8 月 5 日・1 頁。
31）『毎日新聞』2018 年 5 月 20 日・26 頁。

まとめ──視座

　ここで挙げた若干の事例を基に、現状を概観するだけでも、わが国における公文書管理制度がいかに深刻な状態に陥っているか、しかもその根源は制度的欠陥だけではなく、この国の根幹にかかわるところに原因があることがわかってこよう。このことは、アーカイブズを学ぶものにとって、一般的なアーカイブズ学としての理論や公文書管理学としての実践理論を、いかに学んだとしてもほとんど役に立たないことを意味する。

　だが、日本のアーカイブズ学研究は、欧米の研究や理論に大きく依拠しているところに特徴があるように、全く地に足が着いていない。確かに、菊池光興が「我が国においては、欧米諸国、いやアジア・アフリカのいくつかの国に比べてさえ、公文書館の歴史は浅く、その施設や関連制度の整備充実の速度は緩慢である」[32]と指摘しているが、それ以上に、惨憺たる状態にあることを認識する必要がある。その現状への認識のなさが、記録管理学会と日本アーカイブズ学会が翻訳論文集を刊行したところに垣間見えてくる。刊行そのものの意義は大きいが、同書で紹介された参考文献はすべて欧文のものでしかなく、それが日本の公文書管理やアーカイブズ構築に必要不可欠な知識であるとの認識は、あまりにも日本の実態を知らなさすぎるといわざるを得ない。歴史も制度も異なる欧米圏を模倣するだけで、わが国における文書管理を考えることができないのはいうまでもなかろう。現在のわれわれがなすべきことは、現在の状況を正確に把握しその原因を追究することと、それを踏まえて改めて公文書管理の制度を作り直すとしたなら、何をどのようにすべきであるかを示していくことであろう。

32）記録管理学会・日本アーカイブズ学会共編『入門　アーカイブズの世界──記憶と記録を未来に──』、日外アソシエーツ、2006年、3頁。

戦前期行政機関における文書管理のあり方

東山 京子

はじめに

　日本の各省庁や地方自治体の公文書の保存管理における実態として、本来ならば永久に保存されるべき公文書の廃棄が頻繁に行われている。例を挙げると、「公用メール裁量で廃棄　議員対応個人で保管も」[1]、「メール1年で自動廃棄」[2]、「公用メール巡り応酬」[3]、「政務三役メール開示1通 130人分大半保存されず」[4]、「メール自動廃棄見送り」[5]、「メール廃棄『やめぬ』」[6]、「育たぬ『保存』文化『容量に上限』理由」[7]、など平成30（2018）年1月15日から2月25日までの間で6回にわたり公文書の廃棄に関する記事が掲載された。国民の知的財産であり、共有財産である公文書がいとも簡単に廃棄され

---

1) 「公用メール裁量で廃棄　議員対応個人で保管も」(『毎日新聞』朝刊、2018年1月15日、1頁)。
2) 「メール1年で自動廃棄」(『毎日新聞』朝刊、2018年1月16日、1頁)。
3) 「公用メール巡り応酬」(『毎日新聞』朝刊、2018年1月25日、2頁)。
4) 「政務三役メール開示1通　130人分大半保存されず」(『毎日新聞』朝刊、2018年1月31日、1頁)。
5) 「メール自動廃棄見送り」(『毎日新聞』朝刊、2018年2月3日、1頁)。
6) 「メール廃棄『やめぬ』」(『毎日新聞』朝刊、2018年2月8日、24頁)。
7) 「育たぬ『保存』文化『容量に上限』理由」(『毎日新聞』朝刊、2018年2月25日、3頁)。

ている実態が、森友学園、加計学園、自衛隊の PKO 日報等の各問題により明らかになったにもかかわらず、日本の公文書管理の体制は何も変わっていない。公文書の廃棄はなくならない。公文書の杜撰な管理がもたらす影響の大きさというものをいとも簡単に忘れ、同様の過ちを繰り返している。しかし、以前からこのような公文書の杜撰な管理を行ってきたとは到底思われない。

　そもそも、このような杜撰な公文書の管理体制はいつから始まったのだろうか。近代国家たる日本における公文書管理体制が不十分であったのか、それとも体制そのものが整備されていなかったのだろうか、文書管理体制は整えられていたが適切な運用がされてこなかったからなのだろうか、といった問いを解明するために、近代日本の公文書管理の体制整備と運用状況がどのようなものであったのかを見ていく必要があるだろう。そのためには、日本の近代公文書として唯一体系的に残されている台湾総督府文書から、台湾総督府における文書管理制度および運用実態を把握することで、戦前期日本の行政機関における文書管理がどのようになされていたのかを見ていきたい。

　台湾総督府の文書課が行ってきた業務を見てみると、文書の授受、起案から合議を経て決裁、発送までの手続という施行前の業務と、文書の保存管理、引継および廃棄、文書の貸出等の施行後の業務とがある。このほかに、年度毎に各部局の事績を纏め、総督へ業績を報告するという業務がある。この報告については、民政長官（総務長官）から総督へ献呈された『台湾総督府民政事務成蹟提要』[8]（以下、特別な場合を除き「事務成績提要」と表記する）から見ることができる。引継および廃棄に関しては、引継文書目録および廃棄文書目録を作成し、総督の決裁を経なければ執行できないという規則

8）『台湾総督府民政事務成蹟提要』第 1 編～第 48 編、明治 30 年 4 月～昭和 19 年 6 月、台湾総督府民政局。明治 39 年から大正 8 年までは、『民政事務成績提要』となり、大正 8 年に、民政長官から総務長官へと名称変更により民政が削除され、大正 9 年から、『事務成績提要』となる。

に則り厳格に管理され運用されていたため、これらの目録から、いつ、何の文書を引継または廃棄したのかという情報を得ることができる。また引継については、決裁に添付された目録のみならず台湾総督府に移管された引継文書が現存していることから、これらを詳細にみていくことで、文書の引継に関する台湾総督府の考え方を知ることが出来よう。

　このように、台湾総督府における報告、引継、廃棄という三つの業務を見ていくことによって、本国政府たる日本の公文書管理も同様であったと考えられることから、戦前における日本の公文書管理がどのようになされていたのかを明らかにすることができる。近代日本における公文書管理の実態を知ることにより、現代における公文書管理が近代から引き継がれてきたものなのか。それとも戦後の日本における問題であり、現代的な問題であるのかどうかといったことも解き明かすことができよう。

1．台湾総督府における報告業務

　まず、台湾総督府における事務報告がどのようになされていたのかを把握するために、毎年度、総督へ献呈された「事務成績提要」を見ていくこととする。台湾において、明治 28（1895）年 6 月 17 日に施政式を執り行う直前に、本国政府における台湾総督府の監督機関である台湾事務局が設置される。同局による台湾統治の基本構造について、檜山幸夫氏は、「内閣総理大臣主導的完全縦型構造」と称し、「内閣総理大臣→台湾事務局→台湾総督→台湾総督府」という縦型の位置関係で権限の集中を求めたという[9]。「事務成績提要」の第一編の編纂並報告という項目のなかに、これらの機関の関係を表している記述がある。それは、

9）檜山幸夫「台湾統治基本法と外地統治機構の形成－六三法の制定と憲法問題－」（『日本統治下台湾の支配と展開』中京大学社会科学研究所・2004 年、11 頁～ 266 頁）110 頁～ 111 頁。

六月内閣総理大臣伊藤侯爵海軍大臣西郷侯爵渡台ニ付当府開始以来
二十九年三月ニ至ル迄民政事務成蹟提要ヲ編纂シテ提出セリ此他毎月各
部課ノ事務成蹟報告ニ依リ更ニ民政事務成蹟ヲ編纂シテ拓殖務大臣ニ報
告セリ八月拓殖務大臣ノ訓令ニ依リ当府発令ノモノハ其都度報告スルコ
ト、シ訓令第八十四号ヲ始トシテ爾来報告セリ[10)]

というものである。この記述から各部課の事務成績を纏め、『民政事務成蹟
提要』として編纂することで台湾総督府の監督官庁である拓殖務大臣へ報告
していたこと、台湾総督府発令の府令等においてもその都度拓殖務大臣への
報告が明治 29（1896）年 8 月より義務づけられたことがわかる。その図式は、
縦型の位置関係を下から上へ、「台湾総督府の各部課→文書課（編纂作業）
→民政長官（総務長官）→総督→監督官庁の大臣」という形で報告（「事務成
績提要」の提出）がなされることとなった[11)]。その後、「事務成績提要」は、
各官衙が参考に供するための参考資料となっていくが、この事務成績という
報告書が固定化されていった過程は、現代の公文書編纂においての参考とな
るべき様を呈していよう。

　まず、事務成績の報告方については、「各部課ヨリ報告スヘキ事務成績等
調査要項制定ノ件」[12)] が制定されており、この規則に則り報告がなされてい
た。報告項目は、1 事務施行の概要、2 重要事件、3 規定事項、4 事件の件
数、5 職員の異動、6 職員の勤惰の 6 項目であった。台湾総督府の各課長は、
毎月事務の成績と官吏の勤惰を調査し、翌月 10 日までに所管部長へ提出し、
所管部長は毎 2 箇月調査したものを翌月 15 日までに民政局長へ提出する旨

10)『台湾総督府民政事務成蹟提要』第 2 編・明治 31 年 11 月、台湾総督府民政部文書課、26 頁。
　　ここでいう訓令第 84 号は、「工事及物件売買貸借規程」（『明治二十九年台湾総督府公文
　　類纂甲種永久保存第十一巻』、簿冊番号 00066）。
11)　拙稿「台湾総督府文書の目録記述論について」（『台湾の近代と日本』中京大学社会科
　　学研究所、2003 年、421 頁〜 499 頁）481 頁〜 483 頁を参照。
12)「各部課ヨリ報告スヘキ事務成績等調査要項制定ノ件」（『明治二十八年開府以降軍組織
　　中ニ至ル甲種永久保存第五巻』第 17 文書、簿冊番号 00005）。

が定められた。しかし、翌年の 8 月 22 日には、この報告期限を翌月 10 日を 5 日に、毎 2 箇月を削除、翌月 15 日を 10 日に改正されている[13]。このように各課長が課の調査内容を取り纏めて部長へ報告し、部長は各課の報告を纏めて民政局長へ提出するということが毎月なされていたのであった。その後、民政局において事務成績の編纂作業が行われるわけだが、総督および監督官庁の大臣への報告書であり、参考書である貴重な文献史料としての「事務成績提要」はどのように編纂されていたのだろうか。

　台湾総督府文書とともに移管された文書群のなかに、その事務成績提要編纂過程の一端を示す史料が混在していた。それは、台湾総督府の朱罫紙・黒罫紙・赤枠・台湾総督府報原稿用紙・藁半紙などに書かれた昭和 13（1938）年から昭和 16（1941）年の 1 年毎に 1 冊に纏められた「事務成績提要」の校正原稿である[14]。昭和 13 年分を見ると、表紙には、「（昭和十三年）十月一パイ納メ　台湾総督府事務成績提要　第四十四編　出版三、三四五号　一七五冊」と書かれており、「事務成績提要」を昭和 13 年 10 月に納めて、第 3345 号を出版、冊数は 175 冊と見ることができよう。175 冊も印刷することから各部署や必要な機関へ配付していたことがわかる。また、2 枚目には赤字で「校了」とあることから、校正が終了したこと、その証拠に、赤ペンにて多くの修正が加えられており、この校正原稿は、凡例、目次、各部課からの報告事項、起案文書数等の統計表、地震の分布図など、表紙を含め計 792 枚に纏められていた。これらの 4 冊は、かなり多くの修正または追加がなされていることから、台湾総督府の各部長から提出された各部の事務報告を取り纏めた後の校正にはかなりの時間を要していたと思われる。毎年、民政長官（総務局長）から総督へ、総督から監督官庁の大臣へ献呈するためには、それだけに信頼性の高いものにする必要があった。これらの校正された原稿が

---

13)「各部課事務成蹟報告方ノ件」（『明治二十九年台湾総督府公文類纂甲種永久保存第六巻』第 41 文書、簿冊番号 00060）。
14)『事務成蹟提要』、昭和 13 年〜昭和 16 年分、簿冊番号 11098 〜簿冊番号 11101。

現存していたからこそ実際の編纂過程を垣間見ることができた。文書課が各部課から収集した情報を纏め「事務成績提要」として編纂することで、信憑性の高い情報として改めて各部署へと提供され共有されていたことがこれらの文書から推察されよう。

２．台湾総督府における文書の引継業務

　次に、台湾総督府における文書の引継業務について見ていくこととする。台湾文献館が所蔵する台湾総督府に引き継がれた文書には、臨時台湾土地調査局公文類纂が明治 31（1898）年から 38（1905）年までの 292 簿冊と臨時台湾土地調査局編冊目録が 1 冊、旧県公文類纂総目録は明治 28 年から 34 年の 1 冊で、旧県文書は 1,213 簿冊、内訳は台北県が 218 冊、台中県が 95 冊、台南県が 376 冊、新竹県が 43 冊、台東庁が 8 冊、鳳山県が 22 冊、嘉義県が 21 冊で、高等林野調査委員会文書は 91 冊、土木局公文類纂は 22 冊、糖務局公文類纂は 12 冊、旧県の進退目録が 11 冊もの文書類がある[15]。

　このなかの臨時台湾土地調査局の文書と旧県文書および進退文書については、明治 39 年「事務成績提要」の文書整理の項目に次のように記述されていた。

　　元土地調査局ヨリ引継書類中未編纂文書ノ編纂並編纂文書ノ総目録及人
　　事進退文書ノイロハ寄セ総目録ヲ完成シ又明治二十八年ヨリ三十三年ニ
　　至ル五箇年保存文書ヲ廃棄処分セリ
　　明治三十四年廃県置庁ノ際元県ヨリ引継ヲ受ケタル文書ハ其容積大部ニ

15）この表中の旧県文書および臨時台湾土地調査局の文書については、拙稿「引継文書か
　　ら見る台湾総督府の文書管理―旧県文書と臨時台湾土地調査局の事例から―由文書移轉
　　觀察臺灣總督府文書管理―以舊縣文書與臨時臺灣土地調查局為例―」（『第九屆臺灣總督
　　府檔案學術研討會論文集』、國史館臺灣文獻館・2017 年 5 月、367 頁～ 400 頁所収、台
　　湾南投市）を参照されたい。

シテ従来仮綴ノ儘書架ニ排列シ且府内ニ於ケル収蔵文書モ年々累加シ今
ヤ倉庫内ノ狭隘ヲ来スニ至リタルノミナラス引継文書中ニハ長期保存ノ
要ナキ軽易ナル書類尠カラサルヲ以テ其内容ニ就キ一々調査点検シ其存
廃ヲ決定スルコトトシ六月之カ整理ニ着手シ又引継文書ニシテ当時倉庫
狭隘収蔵不能ノ故ヲ以テ台南、台北両庁ニ保管セシメアリタル文書ヲモ
回収シ是亦一々点検シ重要ナルモノハ之ヲ保存シ其他ハ之ヲ廃棄シタリ
而シテ此等保存文書ノ編纂整理ハ将ニ明年九月末日ヲ期シテ全部完了ノ
予定ヲ以テ進行シツツアリ[16]

と、つまり、廃止された機関である台湾土地調査局の文書、廃県置庁のため
に廃止された旧県の機関文書および進退文書は、すべて台湾総督府本府に引
き継がれたということである。また、ここに記された内容から、1,213 簿冊
の旧県文書については、倉庫内が手狭なために、まずは仮綴のまま倉庫に配
架し、長期保存の必要性を一点一点確認し、選別した上で存廃を決定してい
たこと、同じ理由により一時的に台南と台北両庁に保管していた文書があっ
たこと、廃県された明治 34（1901）年 11 月から移管する 39（1906）年 11 月
までの 5 年という時間をかけて整理されて移管準備を行っていたことがわ
かってきた。台湾総督府は、スペースの問題もあることから計画的に、存廃
を決定するための内容精査には慎重に、文書の廃棄および移管の作業を行っ
ていたといえよう。
　次いで、明治 41（1908）年の「事務成績提要」の文書整理の項目を見てみ
ると、

　　戸口調査部廃止ニ由リ同部取扱文書ノ引継ヲ受ク
　　従来通信局ニ於テ取扱タル私設鉄道ニ関スル文書ヲ鉄道部ヘ引継ク

16）『台湾総督府民政事務成蹟提要』第 12 編、明治 40 年、台湾総督府民政局。

　　臨時台湾工事部新設ニ付埤圳ニ関スル文書ヲ同部へ引継ク

　　三十四年専売局設置以前ニ係ル樟脳食塩ニ関スル文書ヲ専売局へ引継
　　ク[17]

と記述されており、通信局は鉄道部へ、埤圳の文書は臨時台湾工事部へ、樟
脳と食塩の文書は台湾総督府専売局（以降、専売局と略す）へ移管され、廃
止された戸口調査部の文書は人事関係は秘書課へ、会計関係は財務局へ、戸
口調査および人口動態その他については文書課へ引き継がれ、明治34年に
新設された専売局には、台湾総督府文書から大量の樟脳と食塩の文書が移管
されている。

　　これらの引き継がれた部局のなかで戸口調査部の廃止に伴う文書をみる
と、引継に関わる文書が明治41年の台湾総督府文書のなかに3件の文書が
綴られていた。それぞれ門類名が異なるため綴られている場所も次のように
異なる。

　　1「臨時台灣戸口調査部事務引繼方ノ件」文書門、文書及図書類[18]

　　2「台湾総督府官房並民政部警察本署及各局分課規程中改正ノ件（明治
　　　三四年一一月訓令第三五四号）文書門、雑類[19]

　　3「戸口調査部事務引継ノ件」戸口調査門、戸口調査類[20]

　　この3については、門類名の欄に当初「二ノ二」と書いたものを「一二ノ
一」に修正しており、戸口調査のために新たに設置された門に綴じられてい
た。このことから、関連するすべての文書を見ないと戸口調査が廃止された
こと、事務引継がどこへどのようになされたのかを知ることができないとい

---

17)『台湾総督府民政事務成蹟提要』第 14 編、明治 41 年、台湾総督府民政局。

18)「臨時台灣戸口調査部事務引繼方ノ件」(『明治四十一年台湾総督府公文類纂永久保存第
　　五巻』第 19 文書、簿冊番号 01370)。

19)「台湾総督府官房並民政部警察本署及各局分課規程中改正ノ件（明治三四年一一月訓令
　　第三五四号)」第 22 文書、同上。

20)「戸口調査部事務引継ノ件」(『明治四十一年台湾総督府公文類纂永久保存第四十八巻』
　　第 23 文書、簿冊番号 01407)。

うことになる。つまり、3つの案件を合わせてみることで、戸口調査部の廃止、事務および関連文書の引継方が把握できるということである。

　専売局に移管された文書の原本目次には、件名の上に「明治四十一年官文第一五七号ヲ以テ専売局へ引継ク」[21]いう赤色のゴム印が押されていることから、目次を見ただけで専売局へ引き継がれたことがわかるような記載がなされていた。

　次に、前総督から新総督への引継に関する文書を見ていきたい。

　「昭和十六年以降事務引継事務概要書類綴」[22]と題した文書によると、次のように総督更迭に伴う引継書が作成されていたことがわかる。

【史料1】

　《欄外》「税務課長」（朱印）　　　［写］角印　　「引継」ペン筆

　　　文第四一九号

　　　　　昭和十九年十二月三十一日

　　　　　　　　　　　　　　　　総督官房文書課長　小澤太郎

　　　　財務局長殿

　　　　　　事務引継ニ関スル件

　　　総督更迭ニ伴ヒ貴局主管事項ニ関シ特ニ新総督へ引継ヲ要スト認メラル

　　　ル事項アラバ一月四日迄ニ文書課迄提出相成度

　　　　尚新総督ニ対スル事務報告ニ付テモ予メ準備致サレ度為念

　　　　［本件調査ノ上一月二日迄調書二部財務局税務課宛提出相成度］ゴム印

　　　　　　　　　　　　　　　　（台湾総督府用朱枠紙一枚に墨筆）

　この引継文書は和文タイプに印字されカーボンで複写されたものであるため数部あるものと思われる。引継書類には、「総督更迭ニ伴フ貴局主管事項

21）『明治三十四年臺灣總督府公文類纂甲種永久保存第八卷』簿冊番号 00587 の原本目次。

22）『昭和十六年以降事務引継・事務概要書類綴』簿冊番号 11485。

ニ関シ特ニ新総督へ引継ヲ要スト認メラルル事項アラバ一月四日迄ニ文書課迄提出」することとして、財務局に対して、局内において引継を必要とするものを文書課へ提出するようにいった内容であり、多くが国土局総務課の事務引継書類であった。この文書は12月31日に通知しているため、文書課は各部局に対して新総督へ引継を要する事項があれば約2週間以内に提出するようにと指示していた。

　では、実際には新総督への引継はどのようになされていたのであろうか。この点について、引継文書史料が残っている大正4年の佐久間左馬太総督から安東貞義総督への引継書から見ることにしたい。

【史料2】

　《欄外》「官文第五七号」「大正四年五月廿四日立案」「永二ノ二　一三葉」

　　　　　文書課長　　閲了

　　　　　　　　　　訳文　大正四年五月二十三日

　　　　　　　　　鈴木秘書官

　　　民政長官（朱印）

　　　　大正四年五月廿四日閲了　高田長官代理宛

　　　　　秘書課長（朱印）

　　今二十三日新旧総督両閣下ノ間ニ事務ノ引継キ了ス右御報ス[23]

　　　　　　　　　　　　　（台湾総督府用一三行朱野紙一枚に墨筆）

【史料3】

　《欄外》秘

　　　官文第五九号　　大正四年五月十日文書課受領　　浄書

　　　　　第　　号　　大正四年五月二十三日決裁　　校正

　　　　　第　　号　　大正四年五月二十三日送　在京鈴木文書課長ヨリ内務省

<hr />

23）「新旧総督事務引継報告」（『大正四年台湾総督府公文類纂永久保存第一三巻』第6文書、簿冊番号02353）。

　　　　へ提出（朱印）

　　　大正四年五月十日主任受領　案　公文掛長（朱印）

　　　長　文書課長（朱印）

　　　民政長官（朱印）

　前総督　了

　　　　事務引継ノ件

　　　第一案

　別紙処分未済事務及引継候也

　　　大正四年五月二十三日

　　　　　　　　　　　　　　元台湾総督伯爵　佐久間左馬太

　台湾総督男爵安東貞義殿

　　　第二案

　本日未済事務ノ受渡ヲ了シ候条此段及報告候也

　　　大正四年五月二十三日

　　　　　　　　　　　　　　元台湾総督伯爵　佐久間左馬太

　　　　　　　　　　　　　　台湾総督男爵　　安東貞義

　内務大臣子爵大浦兼武殿[24]

　　　（台湾総督府起案用紙一枚と台湾総督府用一三行×２朱罫紙一枚に墨筆）

　この２点の文書から、前総督から新総督への「事務引継ノ件」として未済事務が引き継がれ、それを新旧両名により当時の監督官である内務大臣へ報告している。この報告書を、文書課長が上京し、当時の台湾総督府の監督官庁である内務省へ提出するという段取りで行われていたことがわかる。さらに、この引継のための報告書には、未済書類の種類（法律・律令・勅令など）・起案日・件名・摘要が記入され、この摘要には簡単な説明書きがあり、

24）註23同。

当時の引継の状況、例えば内務大臣へ稟申中などと書き入れて、総督新旧両名が署名することで引継が完了した。文書課によるこれらの引継における書類作成といった作業などのほかに特に注目すべき点がある。それは、これらの文書が綴られていた「昭和一六年以降事務引継事務概要書類綴」という簿冊の存在についてである。この簿冊は、文書課が事務引継のための書類綴として別途用意していたもので、事務引継関連の書類のみを特別に纏め仮綴しておくことで、引継書が一般の文書と混在しないように、また必要な時にすぐに取り出せるように、用意されていたと考えられよう。

　このように、台湾総督府では、総督による引継、廃止される機関である臨時台湾土地調査局、高等林野調査委員会、土木局、糖務局からの引継、台北、台中台南、新竹、台東庁、鳳山県、嘉義県の旧県及び庁からの引継、専売局として設置された機関への引継等には、引継目録を作成した上で文書を移管するとともに、その目録は永久保存文書として保存されてきた。文書課は、引継がなされたという記録として目録を作成し、その引継目録とともに文書を移管していたことから、何の文書がどこに移管されたのかということを明確にしていた。これらの引継に関わる事務報告が「事務成績提要」に掲載されることで、総督さらには監督官庁大臣へと報告がなされていたことが明らかとなった。

3．台湾総督府における文書の廃棄業務

　ここでは、台湾総督府における文書の廃棄を見ていく。
　まず、「事務成績提要」の明治 39 年事務成績提要の文書整理の項目における「明治二十八年ヨリ三十三年ニ至ル五箇年保存文書ヲ廃棄処分セリ」[25] という記述から、実際に明治 39 年において廃棄されたのかどうかを台湾総督

25）『台湾総督府民政事務成蹟提要』第 16 編、明治 41 年、台湾総督府民政局。

府文書から見ていく。

　明治 28 年から同 32（1899）年までの文書は、明治 39 年永久保存公文類纂第四巻から同第九巻までに「文書廃棄ノ件」として稟議され廃棄されていた。しかし、明治 33 年台湾総督府公文類纂の五年保存は 5 年経過した 39 年には廃棄されていなかった。では、いつ廃棄されたのだろうか。『明治四十年台湾総督府公文類纂永久保存第六巻』に付されている原本目次には、「一　明治三十三年第二門五年保存総督府公文書類廃棄ノ件　明治四〇年四月一九日」[26] とあることから、明治 40（1907）年 4 月 19 日に廃棄されていたことがわかる。つまり、五年保存とはいっても、5 年経た後すぐに廃棄するのではなく、さらに数年保管した後に廃棄していること、さらに、同じ門類であっても、同じ簿冊に綴られていないことがある。この理由として考えられることとは、仮綴された時期が異なることではないかということである。つまり、年度を跨いで決裁されたものがあるため、この場合には、立案と決裁ならびに発送等の日付が記された起案用紙には「○○年に収ム」と記される。事例を挙げると、廃棄文書の場合は文書そのものは綴られていないため、永久保存文書の「花蓮港街市区計画拡張ノ件」[27] に関する案件を見ると、大正 2（1913）年 12 月 17 日に花蓮港庁長から市区改正計画の稟申が出され、最終的に決裁されたのが大正 5（1916）年 2 月 7 日であったことから、起案用紙には、「大正五年に収ム」と記載され、実際に大正 5 年の簿冊に綴られている。なお案件の起案用紙には、「注意　送付スヘキ図面ハ主任ノ手元ニアリ」

26）「明治三十三年第二門五年保存総督府公文書類廃棄ノ件」（『明治四十年台湾総督府公文類纂永久保存第六巻』第 1 文書、簿冊番号 01276）。この廃棄文書は、「廃棄文書目録」を添付して決裁を求める案件であることから、この中から何が廃棄処分になったのか、五年保存文書とは一体どのような文書であったのかを、文書の件名でしかわからないが大概は把握することができる。このため、この詳細については中京大学社会科学研究所台湾総督府文書編纂委員会編著『台湾総督府文書目録』第一五巻（ゆまに書房、二〇〇三年刊行）に全文を収録しているのでそれを参照されたい。

27）「花蓮港街市区計画拡張ノ件」（『大正五年台湾総督府公文類纂永久保存第二十三巻』第 6 文書、簿冊番号 02498）。

と赤字で記録されており、回議中には市区改正計画図は添付されていなかっ
たと思われる。この案件の最後に青焼きの図面が2枚添付されていることか
ら永久保存文書として綴じる際には文書課に送られていたといえよう。では
この案件がいつ簿冊化されたのかを簿冊に綴られた原本目次をみると、欄外
に、「大正拾年七月廿五日製本」と青色のゴム印が押されていたため、大正
10（1921）年に編綴されていたことがわかる[28]。つまり、文書課は文書を簿冊
化する際には、その年月日を原本目次に記録した上で編綴するということを
行っていたのである。

　このことは、簿冊化されるのは少なくとも決裁終了後約5年以上は製本さ
れないままに据え置かれていたということである。つまり、永久に保存する
ものであっても決裁終了後施行された後に当該年度の文書を纏めて直ぐさま
編綴（本綴）するということはしなかった。実際の業務においては、廃棄文
書でもすぐには廃棄できずに凍結期間を設けていた。それは決裁後に必要と
なる場合もあることも想定して簡単には捨てられなかったといえる。これに
ついては、今回の市区計画の事例からもわかるように、年度を超えて決裁さ
れる場合、また市区改正計画という図面を要する場合などは、特に参照に供
する頻度が多かったと思われることから、凍結期間を置くことで、不体裁や
不調整を避け、案件に関わるすべての文書を纏めて綴じるという、つまり、
利便性と実用性の観点から数年間は成冊しなかったのではなかろうか。翻っ
て、このような主要文書ですら編綴までに時間をおくことで、計画的かつ慎
重に扱われていたことがわかる。しかし、このように凍結期間を置いたこと
がかえって、終戦時において台湾総督府には多くの未処理文書と期限切れ有
期保存文書があったのではないかと推察され、それが、大量の有期保存文書
が存在する原因の一つとも考えられよう。

　廃棄の手続に関していえば、台湾総督府の保存年限が経過した文書の廃棄

28）製本日は重要な文書情報となるため、本学の社会科学研究所が刊行している『台湾総
　督府文書目録』には、必ず製本された年月日を書き入れている。

処分は、文書課から保存年限を過ぎた文書について廃棄処分とする旨の稟申書が提出され、総督の決裁を受けた上で廃棄される。その際に、廃棄される文書の目録が、廃棄文書目録と呼ばれる文書となる。このため、廃棄された有期保存文書については、文書の件名と日付が記録されて文書情報として後世に引き継がれていく。

　この廃棄される文書、つまり有期保存文書ということになるが、台湾総督府文書の一覧[29]を見ると、文書管理上存在することのない文書があるということに気付く。これは、15年保存・5年保存・1年保存の有期保存文書のことである。なぜなら、永久保存は必ず残されるべき文書として取り扱われ保存されてきたが、有期保存文書は保存年限が経過すれば廃棄されるべき文書だからである。これについては、既述したように、終戦時に未処理文書が多く、そのために大量の有期保存文書が残されたのではないかと推察される。しかし、終戦時における未処理文書のほかに、台湾文献館には台湾総督府公文類纂の15年保存と5年保存の文書が大量に保管されている[30]。かかる廃棄処分年限を過ぎた大量の有期保存文書が残っている理由を纏めると、第1に、簿冊編綴前の段階で終戦となりその後中華民国政府に接収されたこと、第2に、そもそも廃棄処分を行う前に終戦となったこと、第3に、廃棄処分後担当部局などに戻されて保存対象外の現用文書として残されていたこと、第4に廃棄できずに残されたという、これらの4点である。第4は担当者の意思が反映された結果というものであるため想像でしかないが、第1と第2は、台湾にとっては終戦が突然の出来事であったため、本国政府で実施された終戦直前から終戦直後に起こった不都合な文書を焼却するといったことはなかった。第3については、台湾総督府文書に綴られた廃棄された文書のなかから事例を挙げることとし、このほかに特筆すべき点を合わせて見ていく。

---

29)拙稿「日本統治期台湾の文書保存と官僚」(『中京法学』第51巻第2・3号、中京大学法学会・
　2017年、257頁～289頁）260頁～261頁を参照。
30)　同上。

　明治 36（1903）年には、『明治三十六年台湾総督府公文類纂永久保存追加第二巻』[31] の 98 文書において、「元台北県及ヒ元台南県並ニ元台中県ヨリ引受ニ係ル別紙目録書類ハ保存ノ必要ナキモノト認メ廃棄ス、但シ別冊中収発件名簿ハ永久又ハ長期保存ノ必要アリト認ムルニ付キ当分保存スルモノト為ス」として収発件名簿以外の旧県関係文書の廃棄が行われた。これについては、前節において既述したように、旧県文書の引継は、倉庫内のスペースの問題もあり計画的に慎重に選別を行った結果の廃棄であったといえよう。

　明治 38 年には、『明治三十八年台湾総督府公文類纂永久保存第九巻』[32] の第 15 文書から、元台北県税務部地方税課書類（31 年分 1 冊・31 年と 33 年分 1 冊・33 年分 2 冊・34 年分 10 冊）、元台中県税務部賦税課書類（33 年と 34 年分 1 冊）、元台南県税務部地方税課書類（33 年分 1 冊・34 年分 1 冊）が、第 25 文書からは、明治 35 年台湾総督府公文類纂第 2 門官規官職・第 3 門恩賞・第 4 門文書・第 7 門土地家屋・第 9 門社寺・第 10 門軍事・第 11 門警察監獄・第 13 門租税・第 15 門会計・第 17 門教育学術・第 18 門交通・第 6 門衛生の一年保存文書が廃棄された。なお、この決裁書類には、「本目録ノ文書ハ冊数夥多ニ付本案ニ添付セス文書課ニ留置候」と記載されていた。これは、明治 38 年までは、廃棄文書目録として廃棄する文書の目録を添付するのではなく、廃棄する文書の簿冊ごと添付して回付していたことを示している。台湾総督府開府から 10 年を経て、廃棄文書件数も増加するため、実物を回付するには廃棄文書が大量となったことを意味している。

　明治 39 年『明治三十九年台湾総督府公文類纂永久保存第四巻』[33] のなかで廃棄された 1 文書〜 16 文書のうち 10 文書には、「目下領台後警察沿革史編

---

31)『明治三十六年台湾総督府公文類纂永久保存追加第二巻』第 98 文書、簿冊番号 00881、『台湾総督府文書目録』第 8 巻・2001 年、461 頁〜 476 頁。
32)『明治三十八年台湾総督府公文類纂永久保存第九巻』第 25 文書、簿冊番号 01059、『台湾総督府文書目録』第 10 巻・2002 年、48 頁〜 95 頁。
33)『明治三十九年台湾総督府公文類纂永久保存第四巻』第 10 文書、簿冊番号 01158、『台湾総督府文書目録』第 12 巻・2002 年、33 頁〜 167 頁。

纂中ニシテ其資料タルモノモ不勘候ニ付右完了迄廃棄見合相成度候廃棄処分ニ付シ本署ヘ引継ノコト」と書かれており、『警察沿革史』編纂のために、第11門警察及監獄の文書は廃棄後に警察本署に引き渡されたことがわかる。さらに、『明治三十九年台湾総督府公文類纂永久保存第七巻』の第5文書には、「公文、記録件名簿廃棄記入済（田辺雇取扱）類別目録未済」[34]と朱筆された付箋が起案書に貼り付けられている。また、同簿冊の第6文書の起案書には「予テ主任者ト交渉ノ通警察ニ関スル分ハ総テ本署ヘ引継相成度候（小野）（古藤）」[35]と朱筆されていることから、簿冊番号01158の第10文書に記載された通り、記録件名簿では廃棄処分の手続きを行った後に警察に関する文書はすべて廃棄されてから起案部署である警察本署へと引き継がれていたことがわかる。

　明治44（1911）年『明治四十四年台湾総督府公文類纂永久保存第十一巻』の第1文書では、明治35年の五年保存第15門会計文書の廃棄の稟議の際に、「本書点閲ノ上存廃ヲ決スベキモノ［神谷］巻」[36]と墨筆された付箋が貼り付けられており、同公文類纂の第3文書には、「廃棄決定ノ上ハ一応再調ヲ要スルニ付該書類御廻ハシアリタシ　学務課」[37]との付箋が貼り付けられ、第4文書には、「附箋ノ分御廃棄スミノ上法務課ヘ交付アリタシ　法務課」[38]との付箋が貼られていた。つまり、廃棄決裁後に担当課への返却を依頼する場合には附箋にその旨を書いて貼っておくことで文書課に伝え、その依頼に対して文書課は廃棄する際に附箋に書かれたこれらの要求に応じていたことがこれらの附箋から窺えよう。

34）『明治三十九年台湾総督府公文類纂永久保存第七巻』第5文書、簿冊番号01162、『台湾総督府文書目録』第13巻・2002年、25頁～176頁。
35）同上、第6文書。
36）『明治四十四年台湾総督府公文類纂永久保存第十一巻』第1文書、簿冊番号01777、『台湾総督府文書目録』第24巻・2007年、120頁～212頁。
37）同上、第3文書。
38）同上、第4文書。

　次に、『大正八年台湾総督府公文類纂第一六巻』の第6文書 39) には、保存
年限が10年と書かれている。台湾総督府文書の保存年限は永久保存・15年
保存・5年保存・1年保存の四種類に分類されており、10年保存が存在する
はずがない。ここで、『大正一〇年台湾総督府公文類纂第一一巻』の第2文
書 40) からその答えを得ることとする。この文書の案件は「文書廃棄ノ件」と
あり、「左記書類ハ保存年限ヲ経過シ最早保存ノ必要無之モノト被認候条廃
棄相成可然哉別紙目録相添ヘ仰高裁」と書かれた稟申書に「大正三年一月民
財第六九〇一号民政長官通達ニ基キ証憑書類保存年限十年ト相成候」と墨筆
された付箋が貼り付けられていた。このことから、証憑書類に関しては、大
正3年1月より、すべて10年保存と定められていたことがわかる。

　ここで、台湾文献館が最後に受け入れた簿冊番号13146に、廃棄について
の重要な記録が残されていたことから、これらの記録から実際の廃棄処分
がどのようになされていたのかを見ていく。そこには、「廃棄書類引継ノ件」
とした総督府における文書廃棄の実態が記録 41) されていた。この記録は、台
湾総督府が昭和10年から20年までに、18回の文書廃棄を行っており、財
務課へ引き継がれた文書は古紙として売却されていった過程の一端を記した
ものである。この文書は、「廃棄文書引継」という件名でもって、担当部局
から保存年限を越えた廃棄の対象となった文書を引き継いだことを表してい
た。なお、ここでの引継では、行政事務の簡素化の関係からか引継文書を記
録するのに書類内容（件名）を記すのではなく、廃棄する文書を一括して重
量で記録していたことから、実際に受け取った文書を廃棄する担当部局の受
領の意味で使われた表現である。長引く戦争の影響は、公文書を取り扱う総
督府官吏の自覚をも喪失させていたのか、それとも、廃棄文書目録は存在し

---

39)『大正八年台湾総督府公文類纂永久保存第一六巻』第6文書、簿冊番号02926。
40)『大正一〇年台湾総督府公文類纂永久保存第一一巻』第2文書、簿冊番号03143。
41) 拙稿「台湾総督府の文書管理と文書取扱に関する一考察」（台湾史研究部会編『現代の
　　公文書史料学への視座』社研叢書19、中京大学社会科学研究所、2006年、73頁〜313頁）
　　196頁〜199頁を参照。

ていたが現存していないだけなのかは、昭和9（1934）年以降の永久保存文書は製本されていないため定かではないが、この簿冊には貴重な文書が多く綴られているため、重要な案件を記録して残そうとしたものだったのかもしれない。

　最後に、廃案となった文書の取扱については、靖国神社の合祀に関わる文書から見ていくこととする。明治44年の『台湾総督府公文類纂第九巻』の第3文書「靖国神社合祀者ニ関スル件」[42] は、明治41年4月から同44年4月までの39件の文書と1件の廃案文書が綴られていた。台湾総督府は、統治政策を遂行する上で必要となる全島統一を治安確保のために実施した土匪および生蕃討伐に従事し殉死した警察官吏の靖国神社への合祀を求めていた。「靖国神社合祀者ノ件拝承然ルニ巡査補ハ巡査ト同様判任待遇ニシテ且ツ合祀ノ効力モ内地人ト異ナラザル様存セラルヽニ付合祀方御配慮ヲ請フ」と約3年間をかけて本島人である巡査補の陸海軍の神社である靖国神社への合祀を求めてきたが、結果は「靖国神社合祀者中巡査補削除ノ件異議ナシ」とせざるを得なかった。総督府の思いは伝わらず本島人の合祀が却下された案件であった。これらの文書のなかで最後に綴られていた廃案となった文書からは、敢えてこの廃案文書を残すことで総督府としての意思決定の証拠を残すという強い意図が感じられる。かかる廃案文書には、行政機関における施行記録が、ただ行政文書というものであるだけでなく、行政機関として残さなければならない文書があり、後世に残すべきものとして敢えて残すものもあるということを示していよう。

おわりに

　ここで見てきたように、「事務成績提要」は、台湾総督府の各部局の事業

42）「靖国神社合祀者ニ関スル件」（『明治四四年台湾総督府公文類纂永久保存第九巻』第3
　　文書、簿冊番号 01775）。

報告、文書の引継、廃棄などを含めて記録し、毎年編纂され、文書課から民政長官（総務長官）へ、民政長官から総督へ、総督から監督官庁の大臣へと報告されていた。さらに重要な点は、この報告書が各部局において共有され、その後の部局内における参考資料となっていったことである。

　台湾総督府の引継業務は、業務終了につき廃止された機関の文書や地方の行政組織の改編により廃止された組織の文書を引継ぐ機関または組織がない場合に行われた。台湾総督府が引き継ぐことで保存されてきた。そのため、引継に関わる書類整理順序を定めること[43] で引継文書を収受し保管してきた。これらが残存していることで、「事務成績提要」に書かれていることだけでは、以前存在していた機関や組織の業務内容、文書の処理方および引継業務の詳細までは知ることが出来なかった。

　廃棄業務では、廃棄文書目録を作成して総督の決裁を経て廃棄処分がなされていたことから、どのような文書が廃棄されていたのかを知ることができる。さらに、偶然にも有期保存年限が保存されていることから、それがどのような文書であったのかも知ることが可能である。さらに、偶然に残ったとは考えられない 15 年保存文書の場合には、別の理由が存在していたと思われる。この 15 年保存文書についてはさらなる文書内容の精査が必要となるが、現時点で考えられることは、永久文書と同様の残すべき重要な文書が綴られていることなどにより、台湾総督府は廃棄処分できずに残してきたといえよう。また、廃案とされた文書についても、総督府としての意思が伝わらず本国政府との交渉のなかで認められなかった案件について台湾総督府という組織としての意思決定を残しておきたいという思いを、廃案文書を一緒に綴じることで敢えて残したのではないかと考えられる。このほかに、台湾総督府では、法制度ではなく運用レベルにおいて行ってきていることがある。それが文書を廃棄した後に各部局に返却していたという実態である。担当部

---

43) 拙稿「台湾総督府文書の目録記述論について」（『台湾の近代と日本』中京大学社会科学研究所、2003 年、421 頁〜 499 頁）449 頁〜 451 頁を参照。

局において業務上必要とされる文書については、廃棄処分後に当該部局への返却願いを附箋に記して文書に貼付することで文書課に伝えていた。このようにして担当部局において必要とされる文書が廃棄後に戻され、活用されてきたのである。

　各部局による業務報告、引継および廃棄業務から、台湾総督府が文書を保存していくことを如何に重視していたかを垣間見ることができた。近代国家がそうであるように台湾総督府の行政行為は文書主義により成り立っているため、台湾総督府の行為を記録した文書を保存管理することは台湾総督府の意思をも保存管理することになろう。総じて、引継文書、廃棄文書目録、廃案文書等が保存されている台湾総督府文書には、近代公文書としての基本形が存在している。戦前期行政機関で唯一体系的に残っている台湾総督府文書は、公文書管理が如何にあるべきかを示してくれよう。台湾総督府が行ってきた公文書管理は、現代の公文書管理に何が欠けているのかを考察するための指針となろう。

　本稿は、JSPS 科研費 JP22520651・JP25370753・JP16K03006・JP18H00705、中京大学特定研究助成および先端共同研究機構研究プロジェクトによる研究成果の一部である。

行政管理としての公文書管理
—政令指定都市の事例調査から—

桑原　英明

　国の行政機関等を対象とする公文書管理法が公布されて 10 年近くが経過したものの、地方自治体における公文書管理条例の制定はあまり普及していない。総務省の調査（2018 年 3 月）によると[1]、公文書管理条例の制定は、都道府県で 5 団体（10.6 ％）、政令指定都市で 4 団体（20.0 ％）、市区町村では 12 団体（0.7 ％）にとどまっている。また、公文書館の設置についても、都道府県では 33 団体（70.2 ％）と比較的整備が進んでいるが、政令指定都市では 8 団体（40.0 ％）、市区町村では 97 団体（5.6 ％）にすぎない。確かに、公文書管理条例の制定よりは、公文書館の設置の方が進んでいるものの、都道府県を除く政令指定都市や市区町村では依然として、その設置は低い水準にとどまっていることは否めない。もっとも、公文書管理法では、地方自治体に条例制定の努力義務を課すのみであるから、地方自治の本旨に照らして、それぞれの地方自治体が、その制度化に自主的に取り組むことを尊重すべきとする国法の立場は、一応は理解できる。ただし、新庁舎への移転や市町村合併による旧庁舎の統廃合に伴って、永年保存の文書を含む大量の公

1）総務省調査では、公文書管理条例等の制定状況および公文書館の設置状況を公表しているが、公文書管理条例、公文書館について明確な定義を行っていないため、論者により制定団体に相違が見られる。例えば、早川（2017；pp.66-68）を参照されたい。

文書が廃棄されたという事実に接すると、国の行政機関等の公文書管理以上に、地方自治体における公文書管理の課題の深刻さを痛感せざるをえない。

　そこで、本稿では、まず初めに行政管理としての公文書管理について論点の整理を行う。次に、政令指定都市で現時点までに公文書管理条例を制定している４団体のうち、とりわけ大阪市（国法の制定前）と札幌市（国法の制定前後）、相模原市（国法の制定後）の３つの事例を紹介することにより、地方自治体における公文書管理の在り方を考察する視点を探る。その後、これらに加えて政令指定都市の中から、公文書管理条例を未制定の６団体の現状を現地での調査を基に、その概要を報告する。

１．行政管理としての公文書管理

（１）行政管理の意義

　まず、行政管理とはいかなる学術的な意味を有しているかであるが、ある行政学者は、行政管理を日常の行政管理と非日常の行政改革とに区分したうえで、「日常の行政管理とは、政府構造の基幹に関わる諸制度と法令上の権限を所与の前提とし、この枠内で、総括管理機関が予算査定と定員管理をとおして新規増分を抑制することであり、非日常の行政改革とは、この枠を越えた改革に及ぶことである」（西尾 2001；p.369）としている。ここで、総括管理機関とは、国の行政機関であれば官房三課（権限、財源、人員を各部局に配分する機能を有する部署のことで、具体的には大臣官房に置かれている文書課、会計課、人事課などがこれを担当している）と呼ばれる部署であり、地方自治体では首長部局に置かれている財政課、人事課、法規課などの文書管理担当課がこれに相当する。ただし、従来的な内部管理を基本とする行政管理では、行政組織の「節約と能率」を実現する規範として行政管理が主として位置づけられていることから、その管理の根幹は、毎年定期的に行われる予算管理と人事管理に大きく依存することになる。

（2）行政管理としての文書管理の希薄さ

　他方で、文書管理は、稟議制に代表される行政組織の意思決定過程と深く関わっているものの、予算管理や人事管理とは異なり毎年定期的に行われる総括的な管理業務となりえていない。このため、法令審査や重要な政策決定に関わる非ルーティンの意思決定の場合には、庁内の権限配分に深く関与するため、文書管理の総括管理を担当する法規課などでは、その権限を強力に行使することになるが、日常的なルーティンの文書管理に関しては、分担管理の原則、ならびに原課主義の原則（条例や規則、あるいは庶務規程などで行政事務を割り当てられた所管課が、当該行政事務について、その処理に伴う予算計上から執行・決算までを担当すると同時に、配分された行政事務を処理するための条例等の策定・改定・解釈を担い、これら事務処理のための要綱や指針等を策定する権限を保持する仕組み）を採用しているため、それぞれの所管課に文書管理等を委ねる傾向が強いことが推察される。また、当該事務の内容を最も熟知している所管課に日常的な文書の作成から保存・活用までの文書管理を委ねることは、むしろ当然のことと理解できる。これは、国の場合にも、公文書管理法が、行政機関等の文書管理全体を包摂しているものの、実際には各府省において、個別に国法を受けて文書管理規則を制定する仕組みとなっていることと無関係ではない。

　また、地方自治体において公文書管理条例の制定が進んでいないひとつの理由としては、公文書館が未設置の段階で、公文書のライフサイクル全般にわたるマネジメントを規定する公文書管理法の趣旨からも、公文書管理条例の制定は時期尚早であるという考え方があることも確かである。さらに、より根本的には、日常的な文書管理（とりわけ、文書の作成・活用・保存・廃棄）を分担管理の原則に従って行っているが故に、条例化により原課の権限が損なわれるのではないかという危惧があることは容易に推察できる。

　地方自治体においても、同様に人事課や財政課といった総括管理機関は、毎年の定期的な予算管理と人事管理に伴う強力な権限を担うが故に、その行

政管理機能を効果的に発揮することが可能である。これに対して文書管理を担当する法規課などは、全庁的な条例・規則等の決定や改定、あるいは重要な政策決定に関心が向きがちで、日常的な文書管理は、上述したように、得てして主管課に委ねる傾向にある。学術の領域においても同様に、行政学の教科書では、行政組織における意思決定過程やコミュニケーション過程の中枢である稟議制の議論は必ず触れられているももの、日常的な行政活動である文書管理の実際やその理論的な重要性を記述したものは、管見の限り見当たらない。このため文書管理は、人事管理や予算管理と並んで行政管理の中の総括管理を担うべき重要な管理機能であるにもかかわらず、行政実務においても、行政学の領域においても、その役割を、これまで「忘れられていた」といっても過言ではない。

（3）公文書管理の意義と課題

　それでは、従来的な「節約と能率」の遂行を旨とする内部管理としての行政管理の観点から、総括管理としての公文書管理の意義を見出すとすれば、それは何であろうか。それは、まさしく「適正な文書管理」という観点にほかならない。行政組織は権限の重複や競合を避けるために、課を最小の単位とする分担管理の仕組みによる権限配分を行うのが通例である。同時に課内では、大部屋主義の諸課題に対処するためにも、職務の担当制などを設けることにより個々の職員の業務の効率性を確保することになる。

　こうした中、高度経済成長や福祉国家化の進展とともに、わが国においても、とりわけ昭和 30 年代後半以降に、行政活動の業務量が量的にも質的にも飛躍的に増大し、文書の量も以前と比較にならないほど複雑化・高度化・膨大化することとなった[2]。このため文書の死蔵化や誤廃棄、あるいは必要な文書が必要な時に活用できないという文書管理の課題が多くの自治体で発生

---

2) 例えば、桑原（2017：pp.117-118）では、札幌市において、事務見直し運動が定期的に行われたことを紹介している。

したことは記憶に新しい。この課題に対処するためにも、全庁的に業務改善運動や事務見直し運動が展開されることとなる。同時に、科学技術の発達により庁内文書のＯＡ化や電子化、ファイリングシステムの導入などにより紙ベースの文書を削減するというペーパレス化の展開にもつながることになる。

　ただし、こうした取り組みにもかかわらず、とりわけルーティンの行政活動に伴う公文書については、文書管理担当課などによる全庁的な総括管理機能が弱い場合には、一定の保存年限が来たら主管課（原課）のみの判断で、廃棄するという行政文化へと繋がったことが容易に推察できる。つまり、「節約と能率」を主要な規範とするとする行政管理を実現するために、建前としては「適切な文書管理」を掲げながらも、分担管理の原則を「聖域」とするあまり、主管課の文書管理に関する意識の希薄さを招くこととなり、他方で、文書の総括管理を担当する法規課などの権限の不明確さや弱さから、結果として全庁的な一貫性を欠いた公文書管理へと至ったことが推察される。

（4）適切な文書管理

　それでは、「節約と能率」の実現という行政管理を達成するために、総括管理としての公文書管理が備えておくべき、本来的な意味での「適切な文書管理」とは何であろうか。この議論を展開する際に参考になるのが、情報公開条例の制定を進める際に、富山県では「文書管理の効率化」を主眼として、これを遂行したことである。少し長くなるが、伊藤（2002；pp.151-152）の事例研究を引用しよう。

　　富山県の（情報公開制度導入に向けた）取組みの特徴は文書管理の強調にあった。中沖知事は自治省出身で、富山県の総務部長を勤めた経歴をもつ。文書管理を強調し、自分の方針がきちんと実施されるのを好んだという。富山県が独自の歩みを始めた 83 年後半頃から中沖知事は文書管理・

整理を強調し始めた。検討委員会ができたときに、担当者は知事から「情報公開のベースとなる文書の整理の方針をしっかり取り組むように指示され」たという。情報公開の取組みの中では「文書管理元年」という言葉を使って、文書管理の効率化を職員に徹底した。これを受けて、「文書管理大改善運動」というスローガンのもとで、83年頃からボックスタイプのファイリング方式やオープンタイプのキャビネットを導入し、グルーピング、目録、保存年限作成の徹底などを進め、毎年度末の文書指導の他に、抜き打ち検査なども実施した。また、文書の体系的な保存のために公文書館の設置も進めた。更に、非公開情報の調査を全庁的に行った。こうした作業は情報公開にとって不可欠の前提でもあるので富山県が特別のことをしたわけではない。独特なのは、知事自身が先頭に立って文書管理を強調し、徹底して実施したことである。また、神奈川県と異なるのは、公文書館の設置を並行して進めたことである。

　以上の富山県の事例からわかることは、情報公開制度の導入に向けて、いたずらに理念論やあるべき論を展開するのではなく、実務的にその前提となる公文書管理の全庁的な徹底を図ることを突き詰めたことにある。分業制を旨とする分担管理の仕組みを基本とする行政組織では、主管課の権限が制度上も実態上も強いことは否定できない。また、これを全面的に否定すべきでもない。

　これに対して、総括管理機能の中でも予算管理および人事管理は、各年行われる予算編成と人員の配置換えにより、その権限を強力に発揮する仕組みとなっている。他方で、文書管理には、予算管理や人事管理のような毎年定期的に発揮する総括管理機能は、現行の仕組みの中には埋め込まれていない。だとすると、それぞれの地方自治体が、地方自治の本旨に照らして、「適切な文書管理」、つまり首長のトップマネジメントないしは総合調整権を確保するために、全庁的な文書管理の徹底を図る仕組みづくりを構築する責

務があることになる。あわせて、富山県では、引用した事例研究からもわかるように、非現用文書となった公文書の保存・活用を確実にするために公文書館の設置も並行して行っているが、公文書のライフマネジメントという概念さえも普及していない当時にあって、公文書館の設置を視野に入れた先見性を見ることができる。ここにおいて、「適切な公文書管理」の仕組みを構築し、これを実務的に運用する公文書管理政策が自治体政策のひとつの重要な柱となることが理解できる。そして、その要となるのが、自治体全体（つまり、自治体行政のみならず、自治体議会、住民との合意）として公文書管理を制度的に位置づける公文書管理条例の制定と公文書館の設置にほかならない。

２．地方自治体における公文書管理の視点

　ただし、地方自治体の側から見るならば、全庁的な総括管理の観点から公文書管理条例の制定と公文書館の設置が不可欠の要件だとしても、容易には、そこに踏み出せない状況があることも確かである。

　国の公文書管理法は、公文書を国民と行政との共有財産であるとして、その位置づけを法制度的にも明確にした画期的な立法作業であった。あわせて同法は、宇賀（2015；p.10）によると、「現用文書と非現用文書を包括した公文書のライフサイクル全体を対象としたオムニバス方式の一般法」とも呼ばれている。他方で、それまでの長年にわたる議論の経緯を踏まえたものではあるが、非現用文書として公文書館に移管すべき公文書について、「歴史公文書」、「特定歴史公文書」という概念を採用したために、公文書館に移管・保存するべき文書を、歴史的・文化的価値を有する公文書に限定しているかのような印象を地方自治体に与えていることは否めない。また、ひとたび国法が制定されたがゆえに、ひとつの事例であるが、国法制定前に先進的な公文書管理条例を制定した大阪市は、後に国法との整合性を図るべく改正

を行っている。筆者がこれまで調査した限りでは、「歴史公文書」、「特定歴史公文書」という用語を使用していないのは、札幌市の公文書管理条例が例外的であると見受けられる（ただし、札幌市には明治期より前の公文書がほぼ存在していないため、こうした対応が可能であったという見方もできるかもしれない）。

　しかしながら、ここまで述べてきた行政管理の観点から公文書管理を考察するならば、「適切な文書管理」という文書管理に係る全庁的な総括管理機能を、個々の地方自治体の現状に照らして、いかにして、それぞれの自治体がその制度を構築するかが肝要といえる。そして、とりわけ政策形成過程についても公文書に残すということは、後の世代の行政職員をはじめとする住民に対して、過去の貴重な政策情報を提供することに繋がり、それぞれの自治体にとって自治体政策史を構築する基盤となりうることである。他方で、留意するべきことは、行政情報の公開や住民との情報共有をあまりに追求しようとすると、そもそも公文書を作成する行政職員が重要な政策情報を公文書として残さない、という「後ろ向きの（消極的な）」対応を招きかねないことである。ここにおいて、公文書管理に伴うディレンマ状況を理解したうえで、公文書管理の諸課題を克服することが重要といえる。

　そこで、以下では、これら公文書管理に関する政令指定都市での資料収集と1次的な聞取り調査[3]の中から、大阪市、札幌市、相模原市、千葉市、横

3）2016年9月から2017年8月までの間に、仙台市、新潟市、さいたま市、千葉市、横浜市、川崎市、相模原市、静岡市、浜松市、京都市、大阪市、堺市、神戸市、岡山市、広島市、北九州市、福岡市について、当該市における公文書管理に係る条例・規則・規程等の制定改廃に関する公文書の資料提供／情報公開制度を活用した開示請求とともに、主な政令指定都市については公文書管理を担当する部署の担当者より意見交換を中心とする1次的な聞取り調査を行った。なお、残る政令指定都市の中の熊本市については、大地震の被災直後であることを鑑みて、今後機会を見て情報の収集にあたることとした。また、名古屋市については、東海3県に存在する唯一の政令指定都市であるため、全国の政令指定都市に関する公文書管理の実態を相当程度明らかにしたうえで、今後公文書管理に関する資料提供を求めるとともに意見交換を行うこととした。あわせて、政令指定都市と県との関係性を分析するために静岡県、新潟県でも同様の資料収集と調査を行っている。

浜市、川崎市、京都市、神戸市、広島市の９団体の事例を中心として、公文書管理の現状と課題について概括することにしたい。

（１）大阪市

　総務局総務部行政課が公文書管理を担当しており、公文書館もすでに昭和53（1988）年に設置されていて、同課の所管の下にある。大阪市は、公文書管理法の制定に先駆けて、政令指定都市の中では最初に先進的な公文書管理条例を制定したが、国の公文書管理法の制定により当初条例の全部改正を行っている。ただし、条例の全部改正にあたっては、国法でも未だに取り入れられていない事項である条例の別表に、保存年限ごとのそれぞれの具体的な項目を列挙する先進的な条例となっている。これは、別表中の記載とはいえ条例事項とすることにより所管課が恣意的にそれぞれの項目の保存年限を決めることや保存項目それ自体から除外することを防ぐことを目的としている。このことは、森友学園問題の際に財務省近畿財務局が国有地処分に関係する公文書を内規で１年保存としていたために、事の次第が明らかとなった時点では、これら文書がすでに廃棄済みであるとしたことからも、行政の恣意的な判断を抑止する行政統制にとって大きな意義を持つものと理解できる。さらに、保存年限の詳細な判断基準や改正等については、従来の公文書館運営委員会を当初の条例化の際に公文書管理委員会という第三者機関による審議事項としたことにより、判断基準の透明化が図られていることも特徴的といえる。

　また、本庁地下にある地下書庫（鍵の管理は行政課が厳格に行っているという）では、公文書の所管そのものは所管課とするものの保存年限１年を超える公文書をここに移管することにより、所管課による公文書の思わぬ紛失や恣意的な廃棄を予防する措置が取られている。さらに、保存年限がきた公文書の廃棄は、一義的には所管課の判断を尊重しているものの、とりわけ特定歴史公文書に指定して現用文書から非現用文書とし、管轄権も公文書館に

移管する際には、公文書館で非常勤職員として採用されたアーキビスト（近現代史を専門とする研究者を中心とする人員を配置する先進的な仕組み）および日常的な選別においても公文書館で選別を担当していた再任用職員の判断を尊重する仕組みを採用していることが特徴的といえる。

（2）札幌市

　札幌市において全庁的な公文書管理を担当しているのは、総務局行政部総務課文書管理担当（係相当）で、公文書館も行政部が管轄している。この点では、大阪市と類似した組織体制といえる。自治基本条例の趣旨を反映して制定された公文書管理条例（平成 24〈2012〉年、条例 31 号）では、永年保存を廃止して最長の保存年限を 30 年としたが、保存期間の年数区分の判断基準は、現用文書として何年使用するか、だけで判断することとしている。また、公文書管理法で定義された「歴史公文書」、「特定歴史公文書」という文言を使わず、「重要公文書」、「特定重要公文書」という用語を用いることにより、歴史的価値がある文書のみが公文書館への移管の対象となるという解釈がなされることを避けている点は、とりわけ注目される。

　また、保存年限の判断は文書主管課が行うが、恣意的な判断を避けるために 10 年以上保存した公文書で廃棄対象となるものは、公文書管理条例により制度化された公文書管理審議会がチェックすることとした。また、公文書管理条例の制定前から、文書主管課で 2 年以上保存された公文書は、総務課文書管理担当が所管する本庁外の書庫で集中管理する仕組みをとっていることも特徴的といえる。

　札幌市においても、文書主管課に一義的な公文書館への移管対象文書の選別権を与えているが、これは権限の競合を避ける意味もある。分担管理による原課主義を基本とする限り、文書主管課には譲れない事項といえるかもしれない。他方で、こうした仕組みとすることで、「重要公文書」、「特定重要公文書」は行政文書として将来にわたる重要な文書であるという、文書主管

課のアーカイブスへの理解度を深めつつ、公文書館職員にとっても、文書主管課の業務内容に理解を深めることを期待していると見ることもできる。

　なお、廃校となった小学校を公文書館として活用することにより、行政的にもコンパクトで、市民にも利便性が高く、理解されやすい公文書館となっていることも特徴的といえる。

（3）相模原市

　総務局総務部情報公開課文書班が公文書管理を担当している。情報公開課が所管する公文書館の設置に合わせて公文書管理条例を制定した。先述したように条例制定は、政令指定としては大阪市、札幌市に次いで3番目である。国法を受けて制定しているため同条例は国法に準拠しているものの、情報公開・個人情報保護・公文書管理を審議する合同の第三者機関として審議会を設置することにより委員の人選や審議の効率化を図っている。合わせて、保存期限を超える公文書の廃棄にあたっては、同審議会の答申を経て、廃棄予定リストを公表した後に市長が決裁することになっており、保存年限を迎えた公文書の誤廃棄に、とりわけ慎重な手続きを課していることが特徴的といえる。なお、公文書の作成時における公文書の選別は、審議会の答申の下に定められた判別基準によっているが、一義的な判断は文書所管課に委ねられている。この点は、大阪市や札幌市の公文書管理についても同様であって、所管課による分業制を採用している行政組織においては、公文書を作成・活用した文書所管課が廃棄の判断を行うのが通例のことと捉えられている。このため、とりわけ行政外部の第三者機関に廃棄の一義的な判断を委ねることは容易なことではないことがわかる。もっとも、公文書を作成・活用する文書所管課に、最初の段階で廃棄か公文書館への移管かの選別を委ねることは、当該行政領域について熟知しているため当然のことであるという見方があることも確かといえよう。

（4）千葉市

　総務局総務部総務課文書班が公文書管理を担当している。現時点では、情報公開を担当する市政情報センターが設置されているが公文書館は設置されていない。公文書管理条例ではなく、公文書管理規則を中心として公文書管理制度が構成されており、これは情報公開条例の制定時に公文書管理規程を見直したことによっている。ただし、従前の規程を全部改正して規則として制定する際に、行政内部における意思形成過程についても公文書を作成することなどを規則の規定として盛り込んでおり、国の公文書管理法を先取りする項目を含んでいることは注目に値する。また、平成16（2004）年度には、規則改正を行い歴史的公文書に関する規定を新たに設けていたため、国の公文書管理法の制定にあたっては、規則を改めて条例化を図ることは必要ないとの判断があったという。同時に、依然として非現用文書を保存・活用する公文書館が未設置であることからも、敢えて公文書管理条例を制定する積極的な理由が見当たらなかったことも大きいと見受けられる。今後も、国の動向や他政令市の動向を注視する中で、これからの方向性を見定めるという自治体として姿勢を窺うことができる。

（5）横浜市

　総務局しごと改革室行政・情報マネジメント課文書管理担当係が公文書管理を担当している。平成17（2005）年3月に公文書管理規程を規則に全面改正する際に、かつての法規課文書担当係が、担当者ごと現在の課の係に移管された。なお、非現用文書となった歴史的公文書は、中央図書館内にある横浜市史資料室に移管することになっているが、市長部局が所管する行政文書で、この資料室に移管された公文書は限られている。こうした事態は、十分に認識されており、「公文書館」を設置していない現時点では、規則を改めて公文書管理条例を制定する具体的な検討は進んでいないように見受けられる。自治体政策としての優先順位を鑑みると、公文書管理という、やや内向

きに捉えられがちな行政領域であることもあって、その対応が後回しにされがちであると推察される。

　また、全庁的な公文書の電子決裁システムが導入されて以降は、所管課で併用文書として公文書を保存することとなっており、これ以降は公文書管理担当課の書庫には公文書の簿冊は入って来ないという。現実には、起案文書の管理システムと公文書の管理システムとが同時に併用されている。

（6）川崎市

　総務企画局情報管理部行政情報課が公文書管理を担当している。公文書館の所管は、情報管理部であるもののすでに早い段階（昭和59〈1984〉年）に設置されており、公文書館の設置に伴って公文書館条例は制定されているものの、全庁的な公文書管理は公文書管理規程としての扱いにとどまっている。中間書庫としての機能も公文書館が果たしており、所管課で完結年度から2年を経過した公文書は、管轄権は所管課に残るものの公文書館に移管されることとなっている。現用文書としての利用頻度の高い公文書については、所管課での保管も認められているとのことであるが、所管課で保管しきれない一部の公文書については、行政情報課が所管している本庁近くの書庫で預かっているものもあるという。

　国の公文書管理法の制定に合わせて、庁内でも公文書管理条例の制定を検討したようであるが、内部での検討にとどまっている。なぜこうした内部での検討にとどまったかについては、川崎市ではすでに自治基本条例を制定しており、市民との情報共有を同条例で謳っていることは、十分に認識されており、その必要性は認められている。しかしながら、文書所管課等との全庁的な協議が進んでいないため条例化へ至っていないと推察される。なお、人事課が所管している人事に関する機密文書については、例外的に人事課での保管となっている。

（7）京都市

　総務企画局情報化推進室文書担当が公文書管理を所管している。古文書を中心とする歴史的文書については、教育委員会が所管する歴史資料館が担当しているが、行政文書を保存・活用する公文書館は設置されておらず、検討も進んでいないとのことであった。同じく同室には情報公開の担当も置かれており、庁内情報化の推進とともに、これら部署を合わせて設置されている。室内は、カウンターを挟んで情報公開と限られた開架式書庫による行政資料の閲覧に供するスペースが設けられている。また、情報公開条例を制定する際に、規程を全部改正して公文書管理規則を制定しているが、それ以来、主だった規則の改正は行われておらず、国の公文書管理法の制定に伴う影響を見ることはできない。戦前の５大市以来の古い伝統を有する京都市では、公文書管理に関する政策の優先順位も低く、なおかつ公文書管理や行政管理的な発想での全庁的な部署間の連携や調整が相当程度容易なことではないと推察される。

（8）神戸市

　行財政局総務部総務課が公文書管理を担当している。市政情報の公開コーナーは本庁舎内に置かれているが、現時点では、市史編纂のために設置された文書館は有するものの、非現用の行政文書を保管する公文書館は設置してされてない。ただし、平成 28（2016）年度に公文書管理規程を見直すことにより、国の公文書管理法の趣旨を反映して、永年保存を廃止して 30 年保存を上限とするなど、レコード・マネジメントの考えを盛り込んでいる。また、本庁舎地下に中間書庫的な機能を有する保存書庫が余裕をもって設置されているため、当面は、公文書館の設置や公文書管理条例の制定は考えていないとのことである。

（9）広島市

　総務企画局の行革担当、総務課を経て、現在では同局法務課が公文書管理を担当している。総務課が担当している時に、国の公文書管理法が制定され、その時点では公文書管理条例の条例化を検討したが課内での検討にとどまっている。すでに庁内の原爆関係資料の収集と保存等を目的として早い段階で公文書館が設置されており、保存年限が１年を超える公文書は、完結年度を迎えると公文書館に移管され、現用文書としての公文書の廃棄についても公文書館が関与する仕組みをすでに制度化している。公文書館が中間書庫としての機能も果たしている。公文書管理条例の制定化については、他団体の動向を踏まえつつ、他の諸制度との整合性を図りつつ進めるとのことで、現時点でも公文書管理の制度としては、公文書管理規程として対応している。公文書館を中心とした独自の公文書管理制度が充実しているために、全庁的な行政管理の観点から整合性を図ることが今後の課題といえる。

　以上の概観から、現時点でわかることを最後にまとめておきたい。

　第１に、公文書管理を担当する部署が全体的には、総務系統の部署に置かれているものの、具体的には法務課（広島市）、行政課（大阪市）、総務系統の部署の中では庶務的な事務を担当する総務課（札幌市、千葉市、神戸市）、行政情報課（川崎市）、行政・情報マネジメント課（横浜市）、情報公開課（相模原市）、情報化推進室（京都市）に分かれている。総務系統の部署の中でも、行政管理や法規をはじめとする総括管理を中心とする課に文書管理を委ねるグループ（広島市、大阪市、札幌市、千葉市、神戸市）と行政の情報化あるいは情報公開を担当する部署に公文書の管理を委ねるグループ（川崎市、横浜市、相模原市、京都市）に大別することができる。

　第２に、公文書管理条例を制定している札幌市（国法の制定前後）と相模原市（国法の制定後）の２団体は、公文書館の設置に合わせて条例制定を行っていることがわかる。新たに公文書館を設置する際に、公文書館と所管

課（原課）、そして文書の総括管理を行う文書管理課との役割分担を明確にするとともに、議会や住民に対して、その責務を明確にすることが不可欠であるからにほかならない。これは、公文書管理条例を制定している3団体とも、国の公文書管理法の趣旨を十分に踏まえたうえで、条例制定や全部改正に臨んでいることからも明らかといえる。

第3に、すでに公文書館を設置している大阪市、川崎市、広島市といった団体では、公文書管理条例を制定済みの大阪市を除くと、公文書管理条例を制定する動向は、現時点では見受けられない。これは、早い段階に公文書館を設置したがゆえに、非現用文書を中心とした公文書管理の制度化が公文書館によって進んでおり、現用文書を中心として所管する公文書管理の担当課が、全庁的な観点から所管課および公文書館との権限関係の配分の見直しを行うことが容易ではないことを示している。あるいは、公文書管理担当課は、現用文書を担当するがゆえに、文書管理規則や文書管理規程といった内部管理のレベルでの文書管理の仕組みで十分であって、仮に文書の公開請求が来た場合にも、現用文書であれば情報公開条例で対応すれば十分であるという認識があるのかもしれない

第4に、大都市として戦前以来の伝統を持つ京都市と横浜市においては、所管課で非現用となった「特定歴史公文書」は、制度的には市史資料室や歴史資料館に移管する仕組みとなっているが、行政文書としての価値よりも、歴史的文化的価値に重きを置くことにより、現実には非現用文書となった行政文書の、これら機関への移管が進んでいないことがわかる。

以上、政令指定都市における公文書管理の現状と課題について、その概況をまとめてきたが、それぞれの自治体の過去の経緯からの公文書管理の仕組みが、現行の公文書管理のあり方を大きく制約していることを読み取ることができる。その意味において、地方自治の本旨の持つ重みを再認識することができる。本稿では、総括管理としての行政管理の観点から、「適切な文書管理」の基盤となる公文書管理条例と公文書館の設置が不可欠であることを

論じた。事例研究から見て取ることができるが、今後、公文書館を未設置の団体においては、公文書館の設置に伴って公文書管理条例の制定が進むものと推察される。他方で、すでに公文書館を設置している団体あるいは歴史資料館や市史資料室などが公文書館的な役割を果たしている団体においては、「適切な文書管理」とともに「総合的な文書管理」という政策課題に取り組むことが、新たな契機となることを最後に指摘しておきたい。従前の長い歴史を有する行政制度や自治体政策を再構築するためには、新たな政策理念や政策目標が不可欠なためである。

【参考・引用文献】
・伊藤修一郎『自治体政策過程の動態―政策イノベーションと波及―』慶應義塾大学出版会、2002 年。
・宇賀克也『逐条解説　公文書等の管理に関する法律　第 3 版』第一法規、2015 年。
・越後武介「札幌市公文書管理条例の制定及び施行について」『札幌市文化資料室紀要』第 5 号、2013 年 3 月。
・桑原英明「行政とアーカイブズ」上代庸平編著『アーカイブズ学要論』中京大学社会科学研究所叢書 33、2014 年。
・桑原英明「札幌市の公文書管理」中京大学社会科学研究所アーカイブズ研究プロジェクト編『地方公共団体における公文書管理制度の形成―現状と課題』公職研、2017 年。
・庄谷邦幸「大阪市公文書館開設二〇周年を迎えて」『大阪市公文書館研究紀要』No.21、2009 年。
・高井俊哉「札幌市の文書管理の取組について」『アーカイブズ』49 号、2013 年 3 月。
・橋本浩典「大阪市公文書管理条例の策定と課題」『レコード・マネジメント』5 号、2008 年。
・早川和宏「地方公共団体における公文書管理条例制定の状況特色」中京大学社会科学研究所アーカイブズ研究プロジェクト編『地方公共団体における公文書管理制度の形成―現状と課題』公職研、2017 年。
・西尾勝『新版　行政学』有斐閣、2001 年。
・総務省自治行政局行政経営支援室『公文書管理条例等の制定状況調査結果』平成 30 年 3 月。

地方公共団体職員の公文書管理に関する意識
―「行政文書の管理及び歴史文書の保存に関する意識調査」より―

酒井　恵美子

1．はじめに

　豊田市は 2003 年のいわゆる平成の大合併により、愛知県で最も広域にわたる市となった。中京大学社会科学研究所では平成の大合併により新たに移管された公文書がどのように管理されているのかを問題とし、中京大学が立地する豊田市で合併後新たに豊田市になった旧町村から移管された公文書の扱いについて調査を行った。これが豊田市の公文書管理についての研究の最初のものであり、その内容は大友（2013）にまとめられた。その後 2015 年に豊田市は廃棄後の歴史公文書の管理のために公文書管理センターを設立したが、それを受けて 2015 年に豊田市役所総務部庶務課の八木寛元氏、内藤千枝氏と共同で豊田市の公文書管理についてその制度と問題点を考察し、一方で公文書作成に携わる豊田市職員を対象に公文書管理および歴史公文書[1]の保存に関する豊田市の行政職員の意識調査を行った。それらの研究成果は桑原他（2016）と酒井他（2017）にまとめられている。

　さて、豊田市の公文書管理は図 1（次頁）のような過程を経て行われる[2]。

1）豊田市の呼称に従い以下意識調査に関わるもの以外は「歴史公文書」と呼ぶ。
2）詳細は酒井他（2017）参照のこと。

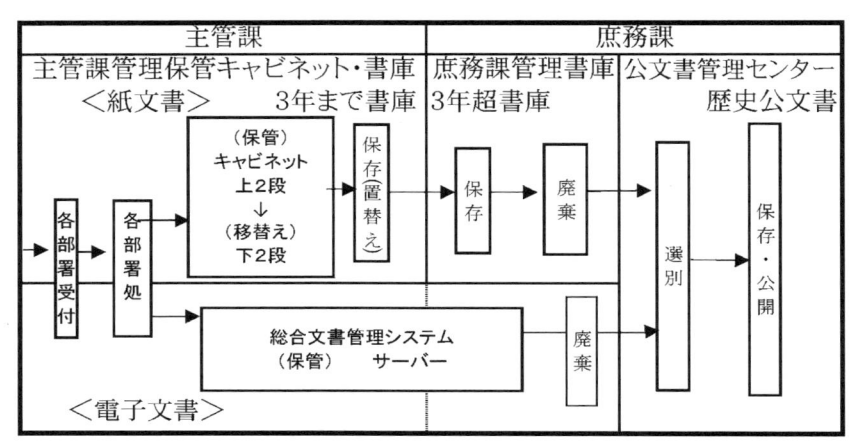

図1　豊田市の公文書管理

　豊田市の公文書は紙媒体に記録された紙文書と電子媒体に記録された電子
文書で管理の方法が異なる。紙文書は作成後３年までは主管課で、その後は
庶務課管理の書庫に移管され、保存年限の過ぎたものは廃棄後公文書管理セ
ンターに移管され選別および保存・公開される。一方、電子文書は総合文書
管理システムによりフォルダ単位でサーバーに保管され、保存年限まで管
理・利用される。この歴史公文書も含めた公文書管理全体を一括管理してい
るのは総務部庶務課である。

　このような豊田市の公文書管理の特徴は次のようにまとめられよう。一つ
は大変合理的で効率的な公文書管理をしているということである。例えば、
財政的には恵まれているにもかかわらず、箱モノを作らず、市庁舎の７階に
公文書管理センターを設置し、情報公開と歴史公文書の公開を同じ場ででき
るようにしたことが挙げられる。これは財政的な負担を少なくするだけでな
く、発足間もないため同センターの周知が徹底しておらず、利用者が少ない
現状での存立を補完する意味がある。一方、市民から見れば、公文書管理制
度に不慣れな利用者の利便性も確保している。実際にどのような利用目的で
あろうと、窓口で係員が利用者とともに現用非現用を問わず文書の検索と閲

覧を補助している。公文書の管理では、大友（2013）にあるように手順を定め合併した旧市町村の文書を公文書管理センターへ移管し整理選別を行った[3]。また、自前の総合文書管理システムを構築し、e-ラーニングの導入を含め使い勝手のよい効率的なものに作り上げる努力をしている。このことは図2に示すように電子文書による起案が多いことにも現れている。上記の選択肢のうち、①②の回答者は電子文書媒体での作成に積極的なグループ、③④⑤⑥が紙媒体での作成に積極的なグループだと考えられる。紙文書を中心としている回答者もいるが、その割合は少なく、全体としては電子文書で作成するようにしている回答者の割合が多い。以上のような努力の結果、少ない員数で公文書管理を行っていることも効率的文書管理をめざした成果だと考えられる。

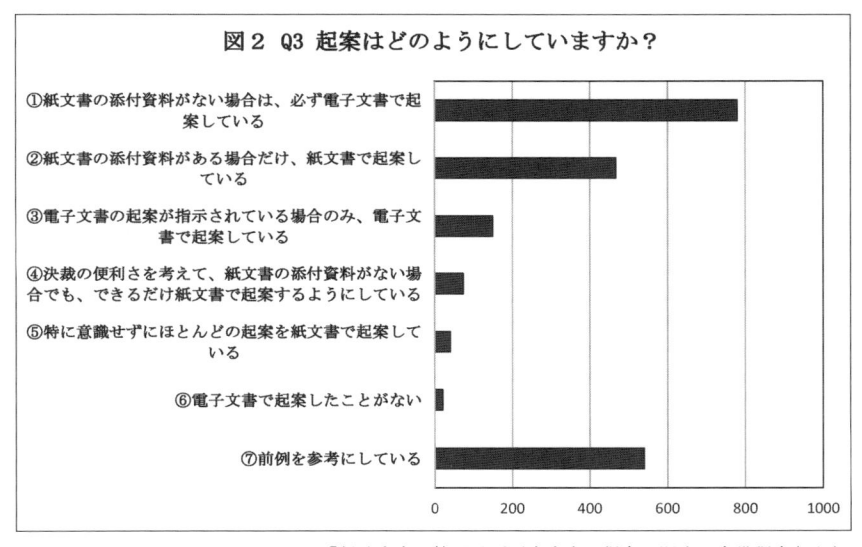

「行政文書の管理及び歴史文書の保存に関する意識調査」より

3）中断しながらも整理は完了し、現在一部を除き選別を終了した。

　一方、公文書の公開や利用に関してはまだまだ十分ではない。公文書管理センターの利用者は少なく、利用者がいないこと等の理由で後述の公開標題も廃止された。公文書管理センターには専任の文書を扱う専門職員が配置されていないため、展示などの市民への還元も行われていない。愛知県で名古屋市に次ぐ人口を抱える都市として公文書管理センターの発展と公開と利用の促進を期待したいところである。

　本稿ではこのような観点からの研究の一環として、桑原他（2016）の「行政文書の管理及び歴史文書の保存に関する意識調査」をもとに豊田市役所の行政職員がどのような意識を持って公文書の作成、保管、利用等の一連の管理を行っているのかを明らかにし、職員から見た公文書の公開と利用への意識を探りたい。

2.「行政文書の管理及び歴史文書の保存に関する意識調査」の概要

　「行政文書の管理及び歴史文書の保存に関する意識調査」は公文書管理を円滑に行うために必要な制度・施設その他の諸条件に関する職員の意識を調査することで、豊田市における行政文書の管理および歴史文書の保存に関する業務の円滑化と改善のための知見を得るとともに、他の地方公共団体の意識・現状と比較し、地方公共団体における文書管理制度の構築と形成に関し分析することを目的として、豊田市庁内電子システムを利用した e-ラーニングにより、2015 年 1 月から 2 月にかけて社会科学研究所および豊田市が作成したアンケート調査（20 問、多肢選択式及び自由記述式）を実施した [4]。回答者は 1,496 名、回答率は 46.2% であった。回答者の年齢と所属は表の通りである。

---

4) 調査の詳細は桑原他（2016）に、一部の結果については酒井他（2017）で分析を行った。

表　回答者の年齢と所属

年代	回答者数（人）
30歳未満	310
30 歳 代	302
40 歳 代	369
50歳以上	506
無回答	9

所　　　属	回答者数（人）
経営戦略室	8
企画政策部	36
総務部	101
税務財産部	63
社会部	151
子ども部	46
環境部	48
市民福祉部	136
健康部	49
産業部	67
都市整備部	113
建設部	99
消防本部	364
上下水道局	114
教育行政部	53
学校教育部	43
無回答	5

　調査項目は 20 項目（Ｑ 1 ～ Ｑ 20[5]）である。本項では質問の内容から分

5）この質問項目の番号は調査票の順に従ったもので、桑原他（2016）では「1」のように
番号で記されているものである。

類したものを用い、その内容は以下の通りである [6]。

I　行政文書および歴史文書の管理に関する知識を問うもの

　－1　行政文書および歴史文書の管理制度に関するもの

　　Q1　本市における行政文書の取扱いについては、豊田市文書管理規程で定められていることを知っていますか？

　　Q6　総合文書管理システムで収受した文書、起案した文書の標題が、市のホームページ「文書目録検索システム」で公開されていることを知っていますか？

　　Q14　平成25年4月から公文書管理センターを開設しましたが、センターの役割等を知っていますか？

　　Q15　歴史公文書について知っていますか？

　－2　行政文書の作成・保管に関するもの

　　Q4　総合文書管理システムに登録する収受文書の範囲、総合文書管理システムで作成する起案文書の範囲を理解していますか？

　　Q10　文書を保存する際には、「保存文書管理票」を作成、貼付しなければならないことを知っていますか？

　　Q18　自分の課の文書管理者・文書担当者を知っていますか？

II　行政文書の作成・保存・公開・利用に関する実状を問うもの

　　Q2　文書作成にあたって心がけていることはありますか？

　　Q3　起案はどのように行っていますか？

　　Q5　文書の作成にあたって、情報公開等の請求を受けて開示することがある（しなければならない）ことを意識していますか？

　　Q7　収受、起案（作成）した紙文書は、全てファイリングシステムによりキャビネットの中に保管されていますか？

　　Q8　キャビネットに保管されていない収受、起案された紙文書はど

---

6) 質問項目の選択肢は省略。

　　　　こに保管されていますか？

　Ｑ９　　収受、作成した文書は、常用、廃棄する文書を除いて庶務課が

　　　　管理する書庫に保存していますか？

　Ｑ11　　書庫の保存文書を、閲覧・持ち出しししたことがありますか？

　Ｑ12　　起案等のために過去の文書を参考・参照する場合に何をよく

　　　　見ますか？

　Ｑ13　　文書作成するとき、どんなことに一番気を付けていますか？

　Ｑ19　　文書の作成・保管・保存・管理のことで分からないことが

　　　　あった場合は、誰によく聞きますか？

　Ⅲ　公文書管理に関する意見を問うもの

　Ｑ16　　現在、本市をはじめ、国や県内の他の自治体の多くでは、文

　　　　書の保存期間は最長 30 年となっていますが、永久に保存す

　　　　べき文書はあると思いますか？

　Ｑ17　　文書の保存期間についてどのように考えますか？

　Ｑ20　　研修の内容としてどのようなものが必要だと思いますか？

３．公文書管理にかかわる市職員の意識

　では、「行政文書の管理及び歴史文書の保存に関する意識調査」の結果より公文書管理に対する豊田市行政職員の関心および公文書の公開・利用への意識という点から考察を行う。

3.1　豊田市行政職員の関心

　今回調査の対象となった豊田市行政職員はなんらかの公文書作成を実務としている、あるいは実務としていた職員である。そのような点から考えると公文書管理に関わる関心は実務にあると考えるのは妥当な仮説である。関心の在処を探るものとして各項目の自由記述の欄がある。これは被調査者が任

意に記入することができる欄で、合計 1,030 件、2 万 4,522 文字の記入があり、平均して 51.5 件、文字数では 1,226 文字程度の書込みがあったことになる。この自由記述欄への書き込みの件数は関心を計る一つの指標になるだろう。

　もっとも書込みが多かったのは「Q 7　収受、起案（作成）した紙文書は、全てファイリングシステムによりキャビネットの中に保管されていますか？」という項目であった。

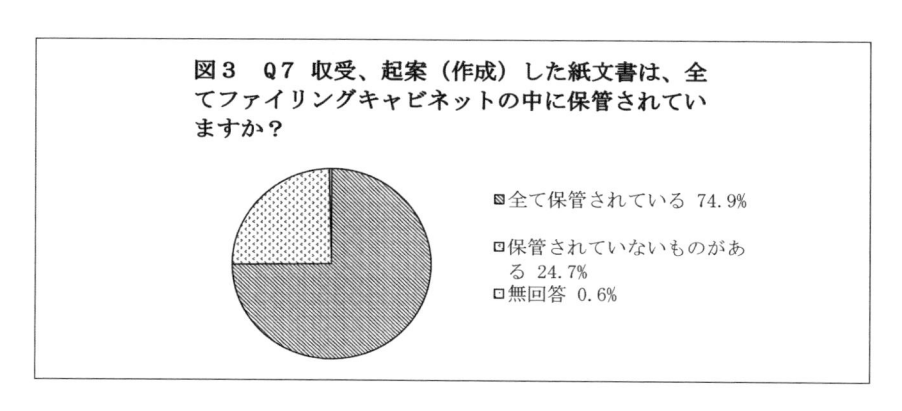

図3　Q 7　収受、起案（作成）した紙文書は、全てファイリングキャビネットの中に保管されていますか？

- 全て保管されている 74.9%
- 保管されていないものがある 24.7%
- 無回答 0.6%

　74.9% の人が規定通りに保管されていると答え、例外とする例を自由記述に「キャビネットに収まらないため」とか「課税資料等については、キャビネットに保管できる量ではないため別保管している。」のように記述しているのである。なかには「国庫補助・県費補助事業執行関係文書量は膨大であり、また複数年に渡る。このため、スペースの関係上、また一連の複数年事業に係る会計検査に備えて、」のように、キャビネットに保管することが合理的ではない理由なども書き込まれている。総じてこの問題に対して活発な議論をしていると言えよう。

　次に多いのが、「Q 3　起案はどのようにしていますか？」である。内容については前述したとおりであるが、169 件 6,994 文字の書き込みがあった。他に「Q 9　収受、作成した文書は、常用、廃棄する文書を除いて庶務課が管理する書庫に保存していますか？」「Q 19　現在、本市をはじめ、国や県

内の他の自治体の多くでは、文書の保存期間は最長30年となっていますが、永久に保存すべき文書はあると思いますか？」等も多かった。

　反対に少なかったのは「Ｑ6　総合文書管理システムで収受した文書、起案した文書の標題が、市のホームページ『文書目録検索システム』で公開されていることを知っていますか？」「Ｑ5　文書の作成にあたって、情報公開等の請求を受けて開示することがある（しなければならない）ことを意識していますか？」で、ともに情報公開・歴史公文書の公開に関する問いである。前述のように情報公開は公文書管理センターで行っており、また、回数も多くない。頻度が高いという消防本部では「救急は特に多いので気にしています。」のように記述している。請求があまりない部署では関心は高くないのであろう。つまり、身近ではない分野への関心は総じて低いと言える。詳しくは後述の3.2で論じる。

　その他、身近な業務に関することであっても具体性がなければ、書込みは少ない。例えば公文書管理制度に関するものである。「Ｑ1　本市における行政文書の取り扱いについて豊田市文書管理規程で定められていることを知っていますか。」はその例である。制度についての認知度を問う項目である。書込みは10件と少なかった。

　自由記述は質問の性質にもよるので、一概には言えないが、以上から公文書の文書の作成・保存の実務に関するもの、特に具体性の高いものについて強い関心を持っていることがうかがわれた。そこには、職員が実務に真摯に取り組んでおり、様々な局面での対処の仕方に積極的に発言する様子も見て取れる。なかには「〜事務の効率化の面から改善を希望する。」のような改善の要求もあった。総合文書管理システムを職員の意見を取り入れて改善してきたことの結果としての風通しの良さも感じられた。

　しかし、関心の在処を見ていくときに別の視点から注目すべきこともあることが分かった。前述の「Ｑ1　本市における行政文書の取り扱いについて豊田市文書管理規程で定められていることを知っていますか。」の例を見て

みよう。

　豊田市の文書事務に関する諸規程には、豊田市公告式条例、豊田市公告式規則、豊田市公印規則、豊田市職務権限規程、豊田市文書管理規程、豊田市マイクロフィルム文書取扱規程、豊田市歴史公文書等管理規程があるが、文書作成等行政文書の取扱い全般について定められているのは豊田市文書管理規程である。図4に示したQ1は豊田市の行政文書の作成について基本となっている豊田市文書管理規程についての知識を問うものである。

図4　Q1 本市における行政文書の取扱いについては、豊田市文書管理規程で定められていることを知っていますか？

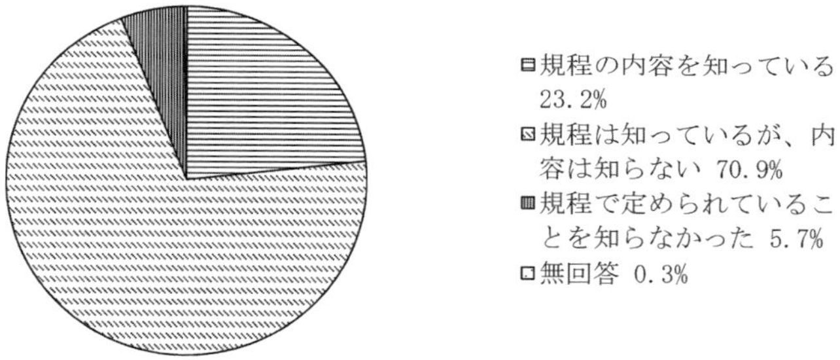

- 規程の内容を知っている 23.2%
- 規程は知っているが、内容は知らない 70.9%
- 規程で定められていることを知らなかった 5.7%
- 無回答 0.3%

　これによると豊田市の文書管理規程によって公文書管理がされていることを知っている人は全体の23.3%、規程は知っているが内容までは知らない人は70.9%である。つまりこの規程がどのようなものか知っている人は94.1%にのぼる。一方で内容について知っている人は23.2%と低いのである。質問の選択肢「規程の内容を知っている」をどのよう解釈したかが問われるが、自由記述では「自分に関係しないところは知らない」「細かいところまでは承知していない」「規程の内容についてすべて知っているわけではない」などの記述があることから考えて、全体に熟知しているかという意味に受け取った人が多かったと考えられる。多くの人が全体については知らないが主

要な一部、必要な部分、研修で触れられた部分などについては知っているの
だと考えてよいであろう。規程の全体について把握していないのは多くの職
員が日々の事務処理に必要なものを第一と考えており、それ以外については
あまり必要だと考えていないためかもしれない。つまり、日々行っている業
務に関する規程であっても必要な部分にしか関心を持っていないと言うこと
になる。これは後述する公文書管理制度への質問Q14、15にも同じ傾向
が見られるのである。もちろん、多くの職員にとってはそのような関心の
持ち方であっても業務上は特に差し支えないであろう。しかし、市の行政
は常に新しい事態に直面する。その時の適応には規程全体への認知が必要で
ある。全体像を把握している職員が4分の1に満たない数字でいいのかどう
か、疑問が残る。

3.2　公文書の公開・利用への意識

　次に公文書の公開・利用への意識について分析する。まず、公文書管理セ
ンターについての市職員の認知度について見てみよう。Q14とQ15の質
問がそれに当たる。

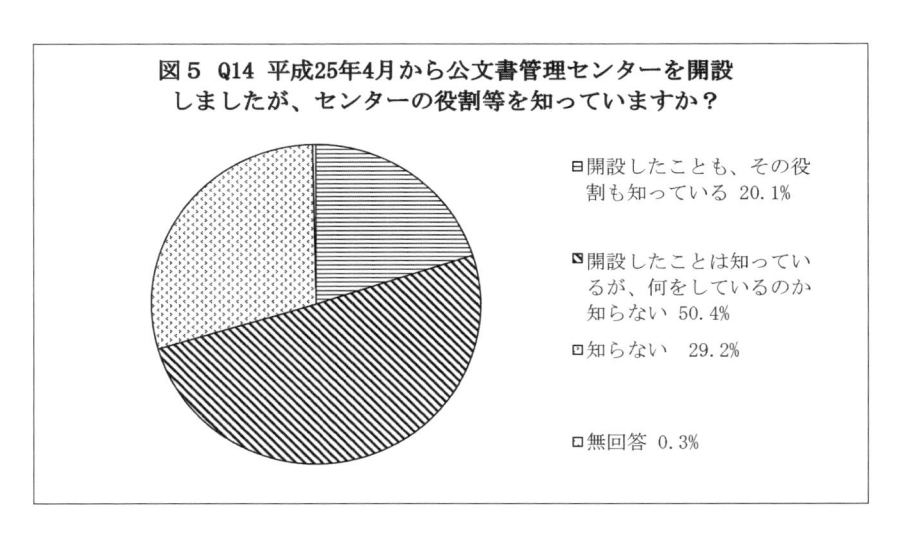

図5　Q14　平成25年4月から公文書管理センターを開設
しましたが、センターの役割等を知っていますか？

開設したことも、その役割も知っている　20.1%

開設したことは知っているが、何をしているのか知らない　50.4%

知らない　29.2%

無回答　0.3%

　図5はQ14「平成25年4月から公文書管理センターを開設しましたが、センターの役割等を知っていますか？」という質問の回答を示したものである。公文書管理センター開設とその役割の2点を問うものである。調査の約2年前に公文書管理センターは豊田市役所内に開設されたが、公文書館のような箱物を作ることなく、庁舎の7階に設置された。開設と役割の両方を知っていたのは20.1％、開設のみ知っていたのが50.4％、なにも知らなかったのは29.2％であった。箱物を作らなかったことで、施設が目立たず、よって認知度が高くないということもあるだろうか。しかし、庁外勤務の人もいるとは言え、同センターが市役所内に設置されているのに、開設について知らなかった人が30％近いということは認知度が低すぎないのではないだろうか。さらに開設について知っていた70.5％のうち、50％が役割を知らなかった。確かに被調査者の所属を見れば、具体的な業務内容との直接の関係はないのであろう。過去の公文書を業務の参考に見に行く必要があれば、センターの存在を知ることもできる。自由回答では「地下の書庫の鍵を取りに行くぐらいしか関わりがない。」との回答もあった。地下書庫とは総務部庶務課管理の書庫で作成後3年を過ぎた文書を主管課で管理するキャビネットから移動する書庫である。センターとは別であるが、紙文書は地下書庫保存文書を利用するために庶務課に鍵を取りに行って閲覧するときくらいしか関わりがないと言うことである。公文書管理センターと職員が緊密ではないことが窺える。

　次に公文書管理センターで保存・利用されている歴史公文書に関しての知識を問うQ15についてもみてみよう。図6は「歴史公文書について知っていますか？」という問いの結果である。ここでは、歴史公文書の存在とその意味について問うている。その結果、歴史公文書の存在について知っている人は76.1％であるが、選別の基準や保存について知っているのはそのうち9.7％にすぎない。存在を知らない人も23.5％いる。以上から、公文書管理センターや歴史公文書に関して市の職員の認知度はあまり高くないと言うこ

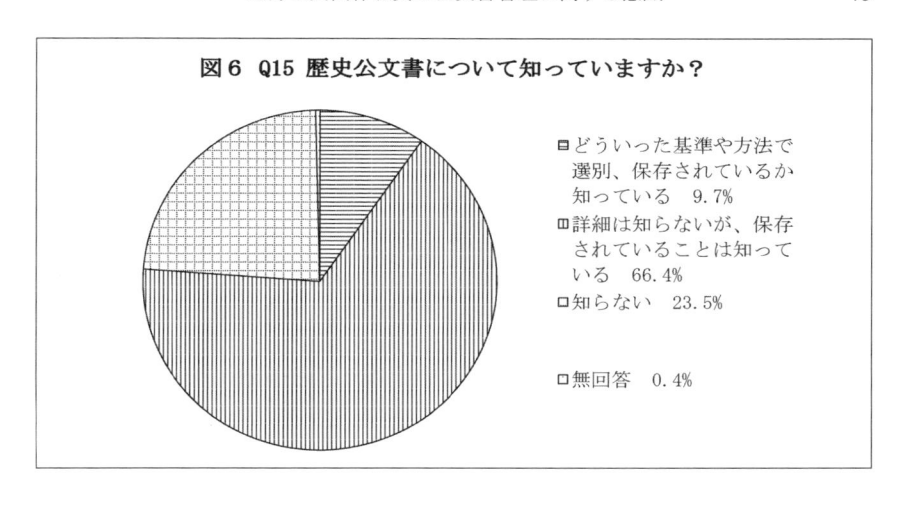

図6　Q15 歴史公文書について知っていますか？

・どういった基準や方法で選別、保存されているか知っている　9.7%
・詳細は知らないが、保存されていることは知っている　66.4%
・知らない　23.5%
・無回答　0.4%

とがわかる。

　では、現用を離れた歴史公文書を職員は参照するために閲覧することはないのだろうか。職員が参照する文書についてはＱ12に質問がある。図7は「起案等のために過去の文書を参考・参照する場合に何をよく見ますか？」という質問の回答である。それによると最も多いのが、総合文書管理システムで72.7%となっている。総合管理システムには電子文書が保管されており、電子文書書庫が設置されている。次が主管課の共有フォルダで13.7%、こちらも電子文書である。紙文書を参照するのはキャビネットと書庫に保存されている文書を合わせても12.5%しかない。ちなみに図8の「Ｑ11　書庫の保存文書を閲覧・持ち出ししたことがありますか」を見てみるとそのことは検証できよう。紙文書を月に1回以上閲覧・持ち出しする職員はわずか6.3%である。職員たちはまず、総合文書管理システムを見て、共有フォルダを見て、それでも探している文書がなければ、紙文書を探すと言うことなのである。自由記述も含めて歴史公文書の参照についての回答はなかったので、歴史公文書の利用は非常に低いと考えられる。

　では、紙文書はどのような場合に参照されているのか。主管課が管理して

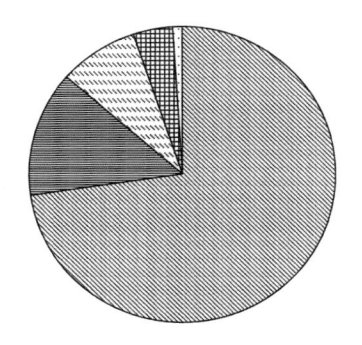

図7 Q12 起案等のために過去の文書を参考・参照する場合に何をよく見ますか?

図7の凡例:
- 総合文書管理システム 72.7%
- ファイルサーバ（共有フォルダ） 13.7%
- キャビネット 8.4%
- 書庫保存文書 4.1%
- 無回答 1.0%

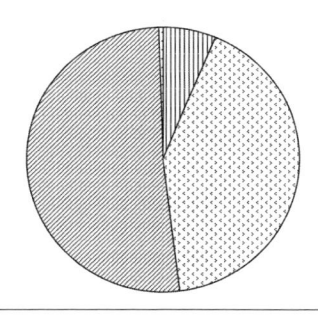

図8 Q11 書庫の保存文書を、閲覧・持ち出ししたことがありますか?

図8の凡例:
- よくある（月に1回以上） 6.3%
- たまにある（年に1～2回くらい） 41.7%
- ほとんどない（必要がない） 51.5%
- 無回答 0.5%

いるキャビネットは最も身近な紙文書の保管場所であるが、ここには2年前の文書しか保存されていない。それに比べて総合文書管理システムは2004年に運用が開始されているので10年以上前からの文書が保存されており、また、ファイルサーバーには起案文書だけでなく、その他の文書も保管されている。参照できる文書量が多いと言うことは、優先的に利用する誘因となる。確かに保存文書が多いと検索に時間がかかるという回答もあり、また、総合文書管理システムへの問題点を指摘する意見も多かったが、そのような注文が出てくると言うこと自体、電子文書が多く使用されているためで

ある。デジタル検索はその場で検索できるメリットがあり、その利便性は高い。ただ、紙で起案された文書もまだあるし、電子文書で起案されていても添付の資料が付されていないものも多い。紙媒体の資料もスキャニングして添付することが多いようではあるが、地図や設計図のような大きいものはスキャニングも容易ではない。職員はそのような場合にのみ紙文書を探すことになると考えられる。

　先にも述べたように豊田市は自前で総合文書管理システムを作り管理してきた。電子化が進み、そのことが紙文書、また、現在紙文書のみが移管されている歴史公文書の利用率を低くしていると言える。そして、総合文書管理システムの開発が進みさらに利便性が増せば、将来的には職員は電子文書のみで業務を行うことができ、つまり、この状況は加速され、紙文書の参照はなくなる日が来るのかもしれない。

　では、次に調査項目中に設定された情報公開に関する項目を見てみよう。まず起案文書の標題を公開することにより、市民への行政への理解を求めるために始めたのが、公開標題の制度である[7]。「Ｑ６　総合文書管理システムで収受した文書、起案した文書の標題が、市のホームページ『文書目録検索システム』で公開されていることを知っていますか？」の項目でその認知度を問うた。

　図９によると、この制度は「公開されていることを知っている」職員は全体の90.8％に周知されていることがわかる。ほとんどの職員がシステムは知らなくても公開されていることは知っている。知っている以上は標題のわかりやすさや妥当性について意識されていることと思われる。

　ところが、文書の公開に関する意識が高いかというとそうでもない。図10「Ｑ５　文書の作成にあたって、情報公開等の請求を受けて開示することがある（しなければならない）ことを意識していますか？」の項目である。

---

[7] 残念ながらこの制度は現在廃止されている。

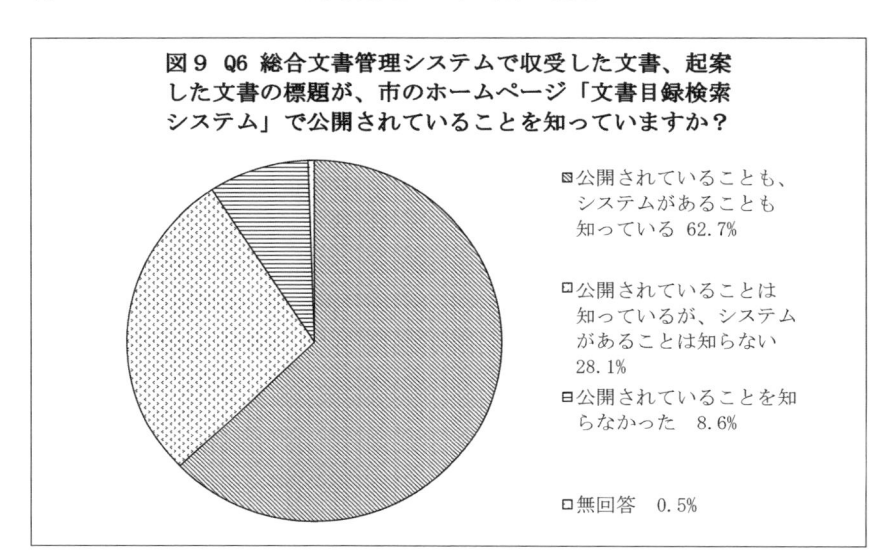

図9　Q6　総合文書管理システムで収受した文書、起案した文書の標題が、市のホームページ「文書目録検索システム」で公開されていることを知っていますか？

- 公開されていることも、システムがあることも知っている　62.7%
- 公開されていることは知っているが、システムがあることは知らない　28.1%
- 公開されていることを知らなかった　8.6%
- 無回答　0.5%

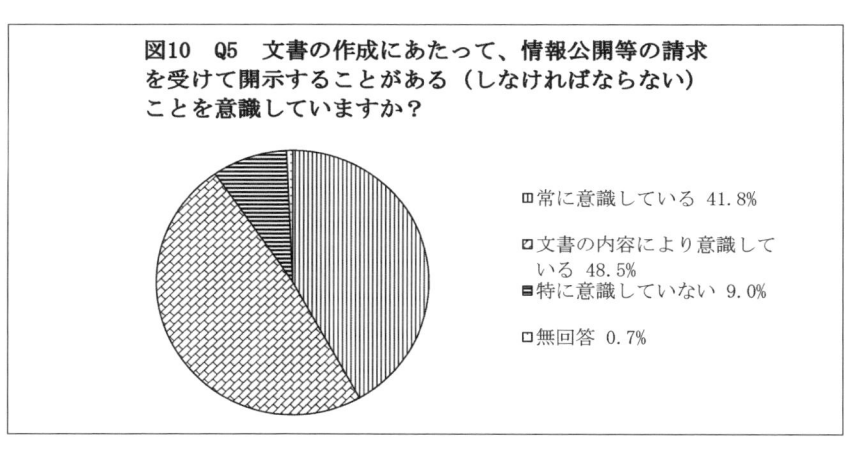

図10　Q5　文書の作成にあたって、情報公開等の請求を受けて開示することがある（しなければならない）ことを意識していますか？

- 常に意識している　41.8%
- 文書の内容により意識している　48.5%
- 特に意識していない　9.0%
- 無回答　0.7%

　この項目は日々の文書作成時にその文書が市民に公開されることがあるという意識があるかどうかということを問うものである。41.8% の人はそれを意識しているが、その他の職員は「文書の内容により意識している」48.5%、「特に意識していない」9% である。消防本部は救急搬送で頻繁に情報公開請求があるという。このような部署では職員は作成する公文書に明確性や正

当性が読み取れるように意識しているのだろう。ここでは、情報公開を例示したので、歴史公文書のことは連想しなかったかもしれないが、実際には歴史公文書として公文書管理センターに移管されることになれば、情報公開で請求される文書だけでなくすべての文書が公開される可能性がある。どのような文書も実は原則公開なのである。そのことを職員が意識しているのかというと非常に疑問が残る。まだ発足して間もない公文書管理センターや歴史公文書への認知度が低いことが、このような認識の度合いに表れていると言えるのではなかろうか。

　最後に、以上の点を踏まえて文書作成時の留意点に関する質問項目を見てみよう。図11「Q13　文書作成をするときどんなことに一番気をつけていますか？」と図12「Q2　文書作成にあたって心がけていることはありますか？」の項目である。まずQ13から見てみよう。

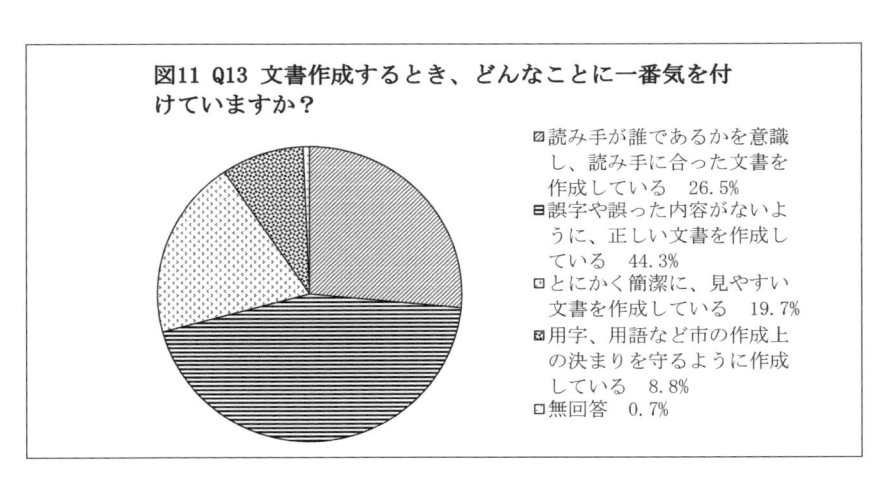

　ここでは、具体的な文書の形式や内容についての留意点を尋ねた。選択は一つだけである。最も多かったのは「誤字や誤った内容がないように、正しい文書を作成している」という答えで、言い換えれば文書の正確さに留意するというものである。それに対して読み手を意識した「読み手が誰であるか

を意識し、読み手に合った文書を作成している」「とにかく簡潔に、見やすい文書を作成している」はやや少なかった。このときの読み手に誰を意識したのかはわからないが、自由記述には「数年後、誰が見ても分かる内容にするよう心掛けている。」との記述もあったので、市民を想定した職員もあったようである。

　次にＱ２について見てみる。こちらは複数選択できるようにした。

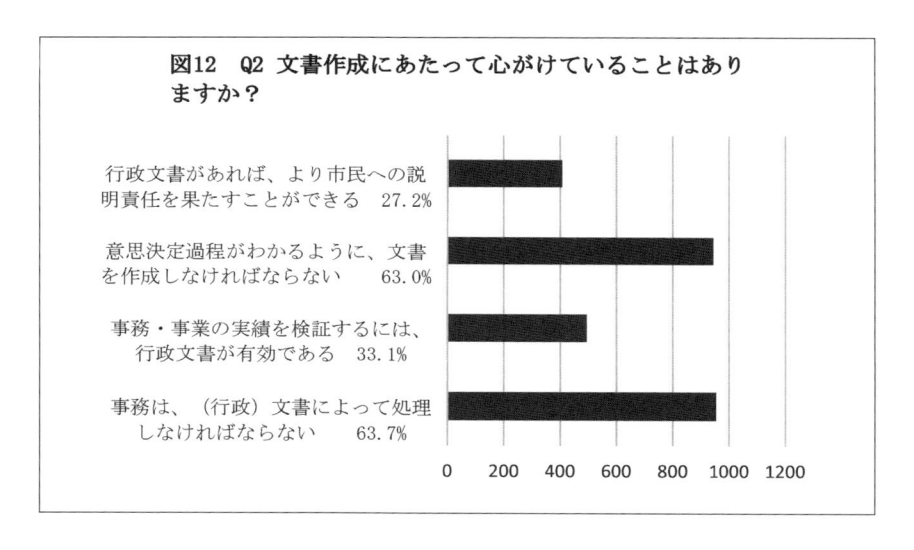

図12　Q2　文書作成にあたって心がけていることはありますか？

　この質問において「事務は（行政）文書によって処理しなければならない」「意思決定過程がわかるように文書を作成しなければならない」に60％以上の回答があったのは重要である。公文書作成時の根幹となる重要な姿勢であるからである。一方、起案後、あるいは決済された後の事務・事業の実績の検証と市民への説明責任のためという意識がそれほど高くない点は留意する必要があるだろう。特に先の情報公開に関する項目でも見られたように目前の処理に気を奪われて自らの手を離れた後のことを意識していないと言えよう。この二つの調査項目からは作成後の読み手や市民に対する意識がやや低いと言うことがわかる。

4．おわりに

　以上のことより、豊田市の行政職員は実務を重視し、それについて高い関心を持っていることがわかった。特に身近で具体的なものには高い関心とともに積極的に発言し、改善しようとする意欲を持っている。しかし、制度に対する認知度は高いとは言えず、その詳細については関心がそれほど高くないこともわかった。特に本稿の考察のテーマである公文書の利用と公開に関しては電子化が進み、効率的に業務を行うことが追求された結果、現在の業務を行うにあたって電子データでこと足りるようになったこと、公文書管理をする部署の職員が兼担で2名という切り詰めた合理性を実現したことがかえって公文書管理に関する認識を弱めたのではないかと推測される。そして、公文書を作成するときに作成後について、つまり、数年、数十年後について意識する人があまり多くないこともわかった。つまり、歴史公文書の公開や利用に関しての意識はあまり強くないと言えるのである。

　行政職員にかかわらず、多くの人が目前のことに気を奪われるのは致し方ないことである。むしろ、そのようにしなければ集中して精度の高いものを生み出すことができない。しかし、公文書の性格を考えるときに公文書が将来どのような役割を持つかについて考慮することは一部の行政職員の引き起こしたねつ造や紛失事件を見るまでもなく重要であることは論を待たない。それはただ市民に対する説明責任を果たすだけでなく、市の施策そのものにとっても重要なはずである。

　この調査では公文書に関する研修についても意見を聞いた。豊田市では初年次の研修が最も網羅的体系的である。この研修を充実させることが豊田市で適正な公文書管理を行ううえで特に重要だと思う。

　本稿は豊田市の総務部庶務課の八木寛元氏、内藤千枝氏および職員の方々のご協力なくしてはありえなかった。ともすれば、評価にもつながるこの研究についてご助言をいただくだけでなく実施にもご配慮いただき、快く公開

にも応じてくださった。末筆ながら、諸氏の適正な公文書管理を希求する姿勢を一研究者として、また一豊田市民として尊敬の念を持って感謝申し上げる。

【参考文献】

・大友昌子（2013）「豊田市における市町村合併と公文書管理の課題」社会科学研究第 33 巻第 1 号
・岡田俊樹（2013 ａ）「豊田市の情報公開と行政文書の管理」アーカイブズ 51 号
・岡田俊樹（2013 ｂ）「豊田市の情報公開と行政文書の管理」広文協通信第 24 号
・桑原英明・酒井恵美子・上代庸平他（2016）「行政文書の管理及び歴史文書の保存に関する意識調査」社会科学研究第 36 巻第 1・2 号合併号
・酒井恵美子・八木寛元・内藤千枝（2017）「豊田市の公文書管理制度と現状」中京大学社会科学研究所叢書 42 『地方公共団体における公文書管理制度の形成－現状と課題』
・豊田市総務部庶務課（2018）「平成 30 年文書事務説明会資料」

公文書管理の電子化をめぐる法的統制の一考察
―カナダにおけるデジタル化戦略とその法的統制―

1. はじめに

(1) 公文書管理の電子化をめぐる議論

2009 年 7 月 1 日に公文書管理法が公布されてから、およそ 10 年が経つ[1]。しかし、近年の公文書管理をめぐっては、財務省による決裁文書改ざんや防衛省の日報隠蔽問題などが報道され、多くの問題が提起されている。また、行政による公文書管理だけではなく、それを統制するべき法制度に関しても、さまざまな問題点や課題が指摘されているところである[2]。そもそも民主主義的な決定により、公文書管理の在り方そのものは決められているものの、日本における法制度のあり様は、それらを統制しうるものなのであろうか。

公文書管理をめぐる問題に対して、2018 年 7 月 20 日に開かれた行政文

---

1) 公文書施行までの経緯については、内閣府のウェブサイトで確認することができる。内閣府「公文書管理法施行までの経緯」(https://www8.cao.go.jp/chosei/koubun/kako_kaigi/kako_kaigi.html)。なお、本稿におけるウェブサイトの最終閲覧日はいずれも 2019 年 2 月 1 日である。
2) 法制度上の問題点については、早川和宏「公文書管理法制の現状と課題」桃山法学 23 号 (2014 年) 131-171 頁などを参照。

書の管理の在り方等に関する閣僚会議において、「公文書管理の適正の確保
のための取組について」が決定された[3]。この決定では、「行政文書をより体
系的・効率的に管理するための電子的な行政文書管理の充実」が提示され、
「まずは現在電子化されている行政文書の効率的な管理を進めるため、電子
的な行政文書の所在情報把握ができる仕組みを構築する」こと[4]、そして、
「作成から保存、廃棄・移管まで一貫して電子的に管理する仕組みについて
も検討する」ことが示された。そして重要なのは、「今後作成する行政文書
は電子的に管理することを基本とする」とされたことである。この閣僚会議
決定を受けて、国民共有の知的資源である公文書等の適切な管理に関して、
内閣府に設置され、専門的・第三者的な見地から調査審議を行ってきた公文
書管理委員会において、2019 年 1 月 30 日、「行政文書の電子管理の促進に
向けた基本方針の骨子案」[5]（以下、「骨子案」とする）が発表された[6]。それ
によれば、「今後作成する行政文書は、電子媒体を正本・原本として管理す
ることを原則とする」こと、そして「行政文書の電子的管理の枠組みは、各
行政機関の業務プロセスと密接不可分であり、行政文書や業務の特性に配慮
し、各行政機関における利便性・効率性が確保される必要」と、「機密保持・
改ざん防止や、移管・廃棄の確実な実施も確保される必要」があり、「こう

3）行政文書の管理の在り方等に関する閣僚会議「公文書管理の適正の確保のための取組に
　ついて」2018 年 7 月 20 日（https://www8.cao.go.jp/chosei/koubun/hourei/honbun.pdf）。
4）さらに具体的には、「行政文書の所在の把握及び管理に当たり、共有フォルダにおける
　体系的管理を適正に行うための、体系的保存の標準例及びそれを実現するための各府省
　共通のマニュアル作成」、「電子的な行政文書検索の効率向上のための、文書ファイル等
　の名称や文書属性等の付与・明示の方法の標準化」、「複製された行政文書が把握されず
　散在していることが検索に困難をもたらすことから、複製された行政文書の所在把握の
　ための、特に厳格な管理が必要な行政文書についての閲覧制限等、複製や共有の手順の
　共通ルール作成」、「共有フォルダで保存すべき電子メールの基準作り等選別・保存を支
　援する仕組み作り」が提示されている。同上、5 頁。
5）この骨子案は、ウェブ上で入手することができる。内閣府大臣官房公文書管理課「第
　72 回公文書管理委員会資料　行政文書の電子的管理についての基本的な方針（骨子案）」
　2019 年 1 月 30 日（https://www8.cao.go.jp/koubuniinkai/iinkaisai/2018/20190130/shiryou2-2.
　pdf）。
6）「公文書管理 電子化へ」朝日新聞朝刊東京本社版 2019 年 1 月 31 日などを参照。

した作業を確実・効率的に行うためにはシステムの構築が適当」であることが示された。そして、今後目指すべき行政文書の電子的管理の在り方として、作成から移管までを一貫して電子的に管理するシステムの整備を行うことが示された。

（2）問題の所在

　このように、公文書管理の適正な確保のために、電子化を実現することが政府内においても議論の対象となっており、今後実装するための整備が求められている。しかし、電子化には課題がないわけではない。つまり、公文書管理の電子化は、①利用者にやさしくない、②紙文書の管理ができない、③私物化容認意識を払拭できない、などといった問題点が指摘されている[7]。この点で骨子案は、「一連の公文書をめぐる問題において、不存在と決定された行政文書が後刻発見される事案が発生する等、行政文書の確実な所在把握が課題」であるとし、情報公開請求の対象となる公文書の所在の明確化という点などにその焦点をおいている[8]。つまり、電子化の目的は、国民の共有財産である公文書の管理について、情報公開請求に対応するべく、電子化を行うことが求められている。しかし前述した問題点のように、電子化自体に利用者のアクセシビリティの視点とその具体的かつ法的な保障がなければ、行政の文書管理において、同じ問題が発生する可能性を払拭できないように思われる。

7）　行政文書管理改善機構「Q1：現在の電子文書管理システムには，どのような問題がありますか。」（https://www.admic-akf.jp/consultation/faq/electronic-document/sc1/q1.html）。なおそのほかにも、「媒体の安定性によるもので、電子文書を記録する媒体は、寿命が短いもので数年、長いもので数十年といわれて」おり、「マイグレーション等の適切な措置を施さない限り、その媒体に記録されている情報が失われてしまうおそれがある」こと、「媒体と情報の分離が可能であるため、不正な上書きといった、真正性や信頼性面でのリスクが大きい」ことなども指摘されている。国立公文書館「電子媒体による公文書等の適切な移管・保存・利用に向けて－調査研究報告書－」2006年3月（http://www.archives.go.jp/about/report/pdf/hourei3_12.pdf）13頁。

8）　前掲注5。

　もっとも、実際にこうした電子化のあり方を考えていくうえで重要な点
は、公文書自体がそもそも国民の財産であると考えられるという点であり、
それを前提とした法的統制のあり方を模索する必要があるという点である。
この点において、2017 年以降、各省庁からの移管は電子記録のみしか受け
入れないという完全電子化を行っているカナダでは [9)]、後述するように、政
府が保有する記録を「文書遺産」と捉え、さらにそうした「文書遺産」にア
クセスする権利を明確に法律で規定している。そして、それを実現するため
に、デジタル化 [10)] を加速し、国民のアクセス可能性をより高める努力がなさ
れている。またそれだけではなく、連邦政府やカナダ国立図書館・公文書館
（Library and Archives of Canada、以下「LAC」とする）における文書管理に
関わる規則や指針においてまで、そうしたアクセスする権利が具体化されて
いる [11)]。特に、ウェブサイト上でのアクセスを向上させる努力は、裁判にお
いても問題となっており、こうした権利の具体化としても十分機能している
といえる。

　そこで本稿においては、まずカナダにおけるデジタル化戦略の意義と法的
統制のあり方について紹介・検討し、さらにはその法的統制の問題点に着目
しながら、今後の日本の公文書管理における全面電子化についての考察を行
いたい。まずは、LAC について簡単にその概要を見たうえで、デジタル化

---

9) 小谷允志「米国およびカナダにおける公文書管理の最新動向」情報管理 55 巻 4 号（2012
　年）268 頁。
10) 日本の文脈においては、文書の「電子化」という言葉が用いられているが、カナダに
　おいては「digitalize」という文言が用いられていることから、本稿においては、カナダ
　の文脈においては「デジタル化」という用語を用いることとした。ただし、これらの用
　語の違いについて、公文書管理においては、特に大きな差異はないように思われる。な
　お、デジタルアーカイブについては、岡本真・柳与志夫『デジタル・アーカイブとは何
　か―理論と実践』（勉誠出版、2015 年）、柳与志夫編『入門デジタルアーカイブ―まなぶ・
　つくる・つかう』（勉誠出版、2017 年）などを参照。
11) もっとも、2006 年 3 月の国立公文書館による報告書（前掲注 7）では、すでにカナダ
　の電子化についての若干の調査結果が示されているが、本稿ではさらにその後の変化を
　対象とする。

戦略の中身を見ていこう[12]。

2. カナダにおけるデジタル化戦略

(1) LAC の役割の概要

① LAC の構成と任務

LAC は、カナダ国立図書館・公文書館法[13]（The Library and Archives of Canada Act、以下「LACA」とする）により、2004 年にカナダ国立図書館（National Library of Canada）と国立公文書館（National Archives of Canada）を統合する形で設置された。同法の前文によれば、LAC の任務は、「(a) カナダの文書遺産（documentary heritage）を現在および将来の世代の利益のために保存すること、(b) 自由で民主的な社会であるカナダの文化的、社会的および経済的発展に貢献するすべての人がアクセス可能な、永続的な知識の源である機関を提供すること、(c) その機関がカナダ国内における知識の収集、保存、普及に関する地域社会間の協力を促進すること、(d) その機関が、カナダ政府およびその機関の継続的な記録として役立つこと」であるとされている。つまり、LAC はカナダの文書遺産を「現在および将来の世代」が利用できるようにするという特別の義務を負っており、同法に従って公刊された文書遺産の法定寄託、カナダ政府の公文書の処分および保存に関する司書とアーキビストに与えられた権限の行使、そして私的アーカイブやウェブリソースの収集を行うことになっている[14]。

---

12) LAC と州の公文書管理の概要については、拙稿「世界のアーカイブズ　カナダ」上代庸平編『アーカイブズ学要論』（尚学社、2014 年）203-213 頁、同「カナダ」中京大学社会科学研究所編『地方公共団体における公文書管理制度の形成―現状と課題―』（公職研、2017 年）244-266 頁を参照願いたい。

13) *Library and Archives of Canada Act*, S.C. 2004, c. 11.

14) 現在 LAC に所蔵されている文書遺産は、次の通りである。約 2,000 万冊の本、直線で 250 キロメートルの政府および私的文書記録、300 万点以上の建築図面・計画・地図など、学位論文・定期刊行物・オンラインで入手可能な書籍を含む約 50 億メガバイトの電子

②LAC の収集戦略

　以上のように、LAC はカナダの文書遺産を「現在および将来の世代」が
利用できようにする義務を法的に負っているが、これを考慮して 2016 年に
「評価及び収集方針の枠組み」が策定された[15]。この枠組みによれば、評価
および収集の基礎となる 5 つの指針として、①国家における重要性、②他の
記録機関との協力的な取り決め、③カナダ社会の代表、④スタッフの専門知
識、⑤相補性が定められている。まず、カナダにとって重要であると見なさ
れる文書遺産は、カナダ（連邦またはカナダ全体）の経験した文書遺産、カ
ナダの発展に影響を与えた文書遺産、国家の広い領域に関わる文書遺産、国
の流行や傾向に影響を与えた文書遺産、そしてカナダの国際的な動向や出
来事に対する貢献や展望を説明する文書遺産であるとされる。また、他の
文化遺産機関も国家的に重要な文書遺産を取得する可能性があることから、
LAC はカナダの文書遺産が最も適切な機関によって取得されるように、こ
れらの機関と協力することとされている。さらに LAC の目的は、国内外を
問わず、カナダの社会と経験を代表するコレクションを開発することにあ
り、収集の決定を下す際に、LAC は国の研究ニーズと長期保存に関連する
問題を考慮に入れることとされている。

　そして、2016 年から 2019 年にかけての収集戦略においては、文書遺産の
継続的な収集のために、LAC はさらにカナダの生活に即した主要な 5 つの
側面（世界的な舞台におけるカナダ、政策とガバナンス、経済、社会、そ

フォーマットの情報、プリント・ネガ・スライド・デジタル写真を含む約 3,000 万枚の
写真画像、1897 年までさかのぼる短編映画・長編映画・ドキュメンタリー映画・無声
映画を含む 9 万本以上の映画、55 万時間以上のオーディオおよびビデオ録画・水彩画・
油絵・スケッチ・風刺画・ミニチュアなど、4,200 万点以上の芸術作品、約 55 万点の楽譜、
カナダの郵便アーカイブズや新聞などである。*About the Collection*, online: Library and
Archives Canada <https://www.bac-lac.gc.ca/eng/about-us/about-collection/Pages/about.aspx>.
15) この枠組みの詳細に関しては、今後ウェブサイトで公開されるとのことである。
Library and Archives Canada 2016–2019 Acquisition Strategy, online: Library and Archives
Canada <https://www.bac-lac.gc.ca/eng/about-us/Documents/2016-2019-acquisition-strategy.
pdf> at 3.

して文化）からの、一般的な戦略を使用することとしている[16)]。まず、①世界的な舞台におけるカナダについては、国際貿易、外交、北米の関係、安全保障、そして国際的な関与と発展に焦点を当てた収集を行うこととされている[17)]。また安全保障の観点では、防衛、セキュリティ、および諜報を担当する連邦による活動、および軍人の活動、カナダ軍の活動・管理・組織に関する記録の収集なども含まれており、今後数年間は、第二次世界大戦、朝鮮戦争、平和維持活動、そして現代の軍事作戦などに集中するとされている[18)]。次に、②政策とガバナンスについては、カナダの民主主義、国家行政、統治、および政治的関与の基盤である政治制度の考察が重要であるとされるが、その収集対象は、連邦政府と先住民との関係に関する記録、立法権・行政権および司法権に関わる機関および個人の記録[19)]、総督および総督府の職員の記録、政治活動家、ロビー団体、およびカナダの公衆生活に影響を及ぼした出来事にも及ぶとされている[20)]。③経済については、雇用と収入、環境、イノベーションと知識、そして財政が含まれる[21)]。④社会については、政府や民間団体[22)]から、カナダの社会としての発展に関する文書を収集すること

---

16) *Ibid.* at 3-4. 具体的な収集戦略として、先住民、地域の多様性、文化の多様性、フランス語圏の文化、少数派の声、そしてジェンダーの問題も取り上げられている。

17) 例えば、国際開発機関や開発途上国でのカナダの人道プロジェクトの仕事や、連邦政府と他国との関係についての文書の収集など、世界の舞台におけるカナダの役割に関わる文書遺産を収集することとされている。*Ibid.* at 5-6.

18) *Ibid.*

19) *Ibid.* at 6. ここには、連邦の議員、首相、閣僚、職員、および連邦政党によって作成された、個人的、政治的、および閣僚級の国家的に重要な記録、さらには、連邦機関を担当した上級職員の記録、国家的に重要な事件に従事した最高裁判所および連邦裁判所の裁判官、議会事務官の記録などが含まれる。

20) *Ibid.* at 6-7.

21) *Ibid.* at 7. 例えば、カナダ政府機関から、産業、地域経済開発、インフラ、環境、北極圏および輸送に関連する文書を収集することとされるが、民間企業、個人、ロビーグループ、研究、技術開発、民間企業、そして国内外の機関からも収集する努力が必要であるとされている。

22) *Ibid.* ここには、先住民コミュニティの発展、文化の多様性、人権、移民、社会活動と社会運動、フェミニズムと女性の運動、子供たち、その他の幅広い分野で働いている個人、家族、健康、福祉、スポーツ、宗教、精神生活、教育、知的生活と学習、ジャーナ

とされている。また、国内であろうと国外であろうと、カナダ人の生活に大きな影響を与える個人や組織に関する記録も収集することとされている[23]。⑤文化については、カナダの文化的アイデンティティを形作る人々の記録を収集することとされており、芸術家、音楽家、作家、画家、俳優、ダンサー、詩人、写真家、そしてこれらの創造性を支える個人、機関そして組織などの記録を含むとされている[24]。

　以上のように、LAC は出版物、政府刊行物、私的文書、ウェブベースの物など、さまざまな文書遺産を収集し、保存等を行っていくこととされているが、特に近年においては、デジタルで情報を作成し保存する傾向が高まっていることを考慮に入れている。そのため LAC は、将来のために保存する価値のあるデジタル記録の長期的な利用可能性を確実にするために、それらを処理する能力および専門知識を増やす努力を行っている。また、もし情報がアナログ形式とデジタル形式の両方で利用可能な場合は、記録の展示や共有、およびアクセスの提供のために優れた媒体であるデジタル版の収集を優先することとされている。そのため、近年 LAC は情報の収集過程において、デジタル戦略を用いている。もっとも、こうして収集された文書遺産は、具体的にはどのように公開され、またはアクセスの対象とされているのだろうか。次に、LAC の公共サービス戦略を見てみよう。

③ LAC の公共サービス戦略

　LAC の公共サービス戦略によれば、カナダの文書遺産へのアクセスを拡大することについて、自律的および協調的に幅広く取り組むこととされ、

　　リズムとコミュニケーション、そして社会目的団体などが含まれる。
23)　*Ibid.*
24)　*Ibid.* at 7-8. これらには、新しいスタイルのポピュラー音楽、伝統音楽、そしてアボリジニや多文化のコミュニティのオーラル伝統、そして学際的なアートプロジェクトなどが含まれるとされている。

LAC は、膨大な歴史的および現代的な出版物、政府および民間の記録、芸術、地図、映画、視聴覚記録、デジタル記録などへのアクセスを提供する機関として、そのサービスはダイナミックで多様なものでなければならないとされている[25]。こうした戦略については、LAC の３ヵ年計画[26]に基づき、次のような目標が設定されている。①ハリファックス、ウィニペグ、バンクーバーにある LAC のサービスポイントへの新しいアプローチ、② LAC のオンライン上での期待と到達範囲の確定、そして③首都での地域社会の関与、卓越したサービス、そして業務効率化のための新しい機会の提供である。そして、利用者中心のサービスの提供（特に電子対応）、運用効率、優れたサービス管理の文化といった視点から結果を測定し、戦略を更新していくこととされている[27]。

　そもそも LAC による公共サービスは、LACA の前文に基づき、自由で民主的な社会としてカナダの文化的、社会的、そして経済的な進歩に貢献することであり、すべての人が利用できる永続的な知識を提供することであるとされている。その際に、LAC の文書遺産は、それに興味を持つすべての人（歴史家、プロの研究者、作家、系図学者、出版社、政府研究者、NGO、教育者、学生、メディア専門家、法的コミュニティ、文書遺産専門家など）に提供することを可能にする必要があるとされている。そしてこれらのサービスは、オタワ、ハリファックス、ウィニペグ、バンクーバーでの対面サービス、およびオンライン、郵便、電話による遠隔サービスとして実現されている[28]。もっともこれらのサービスは、オリジナルフォーマットであろうとオ

---

25) *Library and Archives Canada Strategy for Services to the Public,* online: Library and Archives Canada <https://www.bac-lac.gc.ca/eng/about-us/Pages/strategy-services-public.aspx>.

26) *2016–2019 Three-Year Plan*, online: Library and Archives Canada <https://www.bac-lac.gc.ca/eng/about-us/three-year-plan/Documents/LAC_2016-2019_Three-YearPlan.pdf>.

27) *Supra* note 25.

28) これらのサービスの全容は、ウェブ上で公開されている。*All services and programs,* online: Library and Archives Canada <https://www.bac-lac.gc.ca/eng/services/Pages/services-programs.aspx>.

ンラインでのデジタルフォーマットであろうと、文書遺産への効率的かつ容易なアクセスのために好ましい方法で行われ、利用者の自律的な利用や仲介サービスによって提供されることとされており、より最適なサービスチャンネルの提供や、利用者との積極的なやり取りは、LAC の継続的な目標となっている。

　LAC によるこうしたサービス提供の目標は、3 ヵ年計画で優先事項が設けられており、①すべての LAC 利用者にサービスを提供するとともに、新しい利用者グループを育成すること、②アーカイブズおよび図書館サービスのリーダーとして LAC の全スタッフの強みを引き出すこと、③国内および国際的なネットワークを LAC サービスに参加させること、④ LAC のコレクションおよびサービスについて広く知られるようにすること、といった 4 点にある[29]。またこうした優先事項は、そもそもサービスの価値を基礎に置いており、LAC はそうした価値を実現するための努力も行うものとされている。つまり LAC のサービスが、①技術的、地理的、その他の制約を受けることなく、できるだけ多くの人が利用できるようにすること、②人々の関わり合い、創造性、共創、そしてコラボレーションをサポートするものとされること、③集合的な知識と専門的な知識、つまりスタッフの専門知識とクライアントの専門知識の両方によって定義されること、④利用者、コミュニティ、および利害関係者との継続的で迅速なやり取りによって定義されること、である。そして、これらに共通する目標とされているのが、デジタル化である[30]。デジタル化による利用の向上、コミュニティの創設、デジタルサービスの向上などといった目標が念頭に置かれている。

　このように、LAC においては、収集と公開の両段階において、デジタル化が進められている。次に、このデジタル戦略について見ていこう。

29）*Supra* note 25.
30）*Ibid.*

（2）LAC におけるデジタル戦略

①カナダの文書遺産のデジタル化

　文書遺産のデジタル化は、カナダの独自性を共有、表現、成り立たせるための援助となるもので、カナダの内実を家庭や国外からもアクセス可能にするものであると位置づけられている[31]。この戦略の主な目的は、次の点に集約されている。つまり、①デジタル化の分野における発見、アクセス、および保存のための記憶機関の取り組みに焦点を当てること、②大小を問わず記憶機関で使用できる、そして最も実効性のある基準と方法を特定すること、③パートナー間で知識と経験を共有すること、④「危険にさらされている」資料を保護すること、⑤デジタル出版の利点をラストコピーアプローチと結びつけること、⑥努力と投資が重複することを避けること、⑦既存の資金調達の機会に関する知識を増やし、新しい機会を開発すること、である。

　こうした戦略を下に、潜在的なデジタル化プロジェクトを10年以内に実現することとされている。特に、デジタル化に焦点が当てられているのが、次に挙げるものである。つまり、1917年以前に出版された遺産の90％、1940年以前に出版されたすべてのモノグラフの50％、そして2000年以前にカナダの大学によって発表された論文およびすべての科学論文、記憶機関のすべてのマイクロフィルム、選定されたオーディオおよびオーディオビジュアル記録、選定されたアーカイブ文書（fonds）と検索補助（finding aids）、すべての歴史的地図、家系図に関連するすべてのアーカイブ資料である。

② 2015 年以降のデジタル戦略

　特に2015年以降のLACにおけるデジタル戦略については、3つのテーマ

31）カナダのデジタル化戦略の全容については、次のウェブサイトを参照。*Building a Canadian National Heritage Digitization Strategy,* online: Library and Archives Canada <https://www.bac-lac.gc.ca/eng/about-us/Pages/national-heritage-digitization-strategy.aspx>.

がその指針とされている[32]。まず一つ目は、デジタルキュレーション（Digital Curation）であり、デジタル遺産を整理することにより、カナダ国民がカナダの文書遺産を保有する機関のネットワークを通じて、所蔵品やコンテンツにアクセスできるようにすることである[33]。また二つ目は、デジタルディスカバリー（Digital Discovery）であり、文書遺産をカナダ国民と共有する中心的な使命のために、利用可能なデジタルツールを使用し、カナダの豊富な文書遺産に誰でもアクセスできるよう、発見・収集等を行っていくことである[34]。最後はデジタルパフォーマンス（Digital Performance）であり、国内外のネットワークと連携して、イノベーションと新しい開発に遅れないように努め、さらに、デジタルで考え、データを活用し、常にクライアントのニーズに焦点を合わせた文化を醸成することである[35]。

　もっとも、これらの3つの指針については、それぞれさらに分化した目標が掲げられており、合計して10の戦略目標が掲げられている[36]。そして、こ

---

32) *Mind the Shift: Digital Strategy 2015 and Beyond*, online: Library and Archives Canada <https://www.bac-lac.gc.ca/eng/about-us/publications/digital-strategy/Documents/LAC-Digital-Strategy.pdf>.

33) *Ibid.* at 3.

34) *Ibid.*

35) *Ibid.*

36) *Ibid.* at 5-15.3つの指針について、さらに戦略目標が分化される。まずデジタルキュレーションについては、①デジタル対応（Digital Curation Platform（DCP）を使用してビジネスモデルの目標を達成するために必要なテクノロジーと手段を構築すること）、②デジタル遺産（LAC の所蔵に、データ、ウェブ、その他のデジタルコンテンツのソースなど、新しい形式で生まれたデジタル文書遺産が含まれることを確認すること）、③賢明なデジタル化（流行、特別な要求、保存の必要性、およびその他の基準に基づくデジタル化により、最適化すること）、④デジタルによる記述（LAC のすべての保有物（アナログおよびデジタル）に、包括的なメタデータおよび説明があることを確認すること）が、目標として掲げられている。また、デジタルディスカバリーについては、⑤オープンアクセス（いつでも、どこでも、できるだけ多くの LAC の保有物の発見と使用を促進すること）、⑥社会的約束（積極的なプロモーションと社会的関与を通じて、LAC の保有価値を高めること）、⑦ネットワークコンテンツ（カナダの文書遺産への包括的なアクセスを提供する記憶機関のネットワークを構築する際に指導的役割を果たすこと）が、目標として掲げられている。最後にデジタルパフォーマンスについては、⑧利用者の意識（利用者のニーズと結果を、あらゆるレベルのポリシー、ガバナンス、および行動に組み込むこと）、⑨情報に基づくデータ（LAC を適時に、そして観察されたデータに基

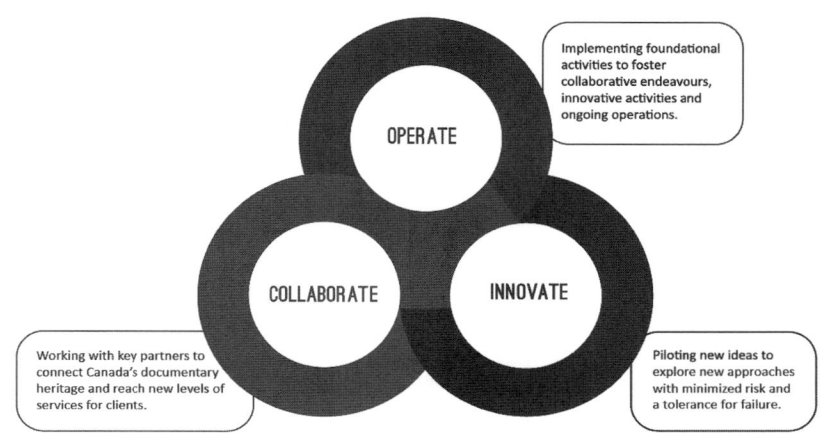

図1　運用、協働、革新のサイクル

Mind the Shift: Digital Strategy 2015 and Beyond, online: Library and Archives Canada < https://www.bac-lac.gc.ca/eng/about-us/publications/digital-strategy/Documents/LAC-Digital-Strategy.pdf> at 4.

うした戦略目標のためには、運用・協働・革新という3つの活動が相乗的に機能しなければならないとされており（図1を参照）、10の戦略目標はそれらの活動をより具体化したものであるとされている。

③デジタル保存プログラム

　それでは、こうしたデジタル戦略に基づく文書遺産の保存は、具体的にどのように行われているのであろうか。ここでは、LAC が開発しているデジタル保存プログラムの概要を簡単に見ていきたい[37]。

　まずデジタル保存とは、「継続的なアクセスを確保するためのデジタルコンテンツの長期にわたる積極的な管理」であると定義される[38]。このこと

　づく決定を行う組織にすること）、⑩デジタル文化（カナダの文書遺産をデジタル管理し、配信するためのスキル、能力、文化を備えた組織を構築すること）が目標として掲げられている。

37）*Strategy for a Digital Preservation Program*, online: Library and Archives Canada <https://www.bac-lac.gc.ca/eng/about-us/publications/Documents/LAC-Strategy-Digital-Preservation-Program.pdf>.

38）LAC で用いられているこの定義は、アメリカ議会図書館による定義が参照されている。

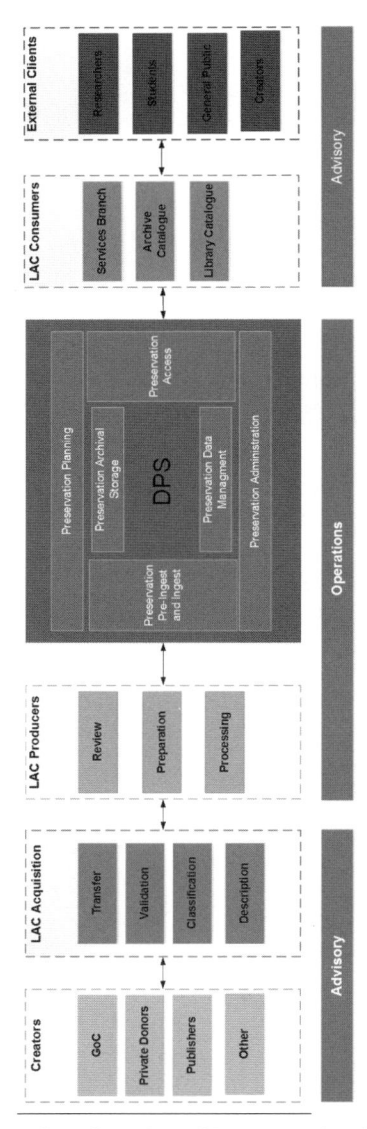

図2　LACにおけるデジタル保存ソリューション（DPS）の組織範囲と位置づけ
Strategy for a Digital Preservation Program, online: Library and Archives Canada <https://www.bac-lac.gc.ca/eng/about-us/publications/Documents/LAC-Strategy-Digital-Preservation-Program.pdf> at 4.

から、デジタル保存を行う機関やそのスタッフは、デジタル遺産コンテンツを技術的な腐敗から保護するために積極的に監視し、介入していく必要があるとされている。なおLACは、ISO14721に準拠しており、デジタル保存プログラムの範囲を定義している。また、デジタルキュレーションセンター（DCC）の定義に基づいて[39]、取り込み（ingest）、保存（preservation action）、保管（store）、変換（transform）といったデジタルライフサイクルにおける広範な作業を行うことであるとされている。もっとも、デジタルライフサイクル全体に対処することや、収集、発見といった作業はこの戦略の対象外とされており、別途検討されるべき行為であるとされている。そのため、より具体的な保

See What is Digital Preservation?, online: Library of Congress <http://www.digitalpreservation.gov/about/>.

39) *DCC Curation Lifecycle Model*, online: Digital Curation Center <http://www.dcc.ac.uk/resources/curation-lifecycle-model>.

存プログラムが対象となる。また、このデジタル保存プログラムは、前述した 2105 年以降のデジタル戦略、特にデジタルキュレーションをサポートするものとして用いられている [40]。なお、LAC におけるデジタル保存ソリューションの組織範囲と位置づけは、図 2（前頁）のようになる。

　2024 年までに、LAC は ISO16363 に準拠した持続可能なデジタル保存プログラムを持つことを目標としている。また ISO16363 は、ISO14721 に基づく国際規格で、デジタル保存プログラムの成果物のチェックリストであり、信頼できるデジタルリポジトリを実装するために、組織が満たす必要がある一連の基準を提供するものであるとされている。これを踏まえて、LAC がデジタル保存プログラムを達成するために行うべき事項は、最終段階でのビジョン（図 3）の通りである。

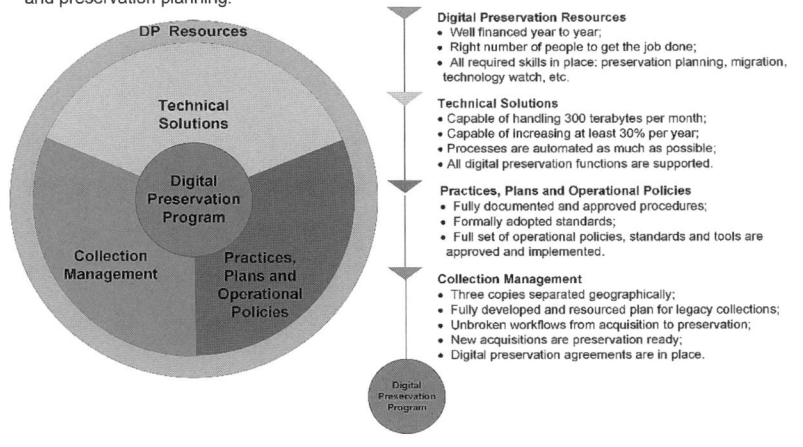

End-state vision for the Digital Preservation Program

The ideal end-state is for LAC to have an internationally recognized trusted digital repository program that has all the functions of the OAIS implemented, including technology watches, integrity checking and preservation planning.

Digital Preservation Resources
- Well financed year to year;
- Right number of people to get the job done;
- All required skills in place: preservation planning, migration, technology watch, etc.

Technical Solutions
- Capable of handling 300 terabytes per month;
- Capable of increasing at least 30% per year;
- Processes are automated as much as possible;
- All digital preservation functions are supported.

Practices, Plans and Operational Policies
- Fully documented and approved procedures;
- Formally adopted standards;
- Full set of operational policies, standards and tools are approved and implemented.

Collection Management
- Three copies separated geographically;
- Fully developed and resourced plan for legacy collections;
- Unbroken workflows from acquisition to preservation;
- New acquisitions are preservation ready;
- Digital preservation agreements are in place.

図 3　最終段階でのビジョン

Strategy for a Digital Preservation Program, online: Library and Archives Canada <https://www.bac-lac.gc.ca/eng/about-us/publications/Documents/LAC-Strategy-Digital-Preservation-Program.pdf> at 5.

40）*Supra* note 37 at 4.

　こうしたビジョンを実現するために、LAC は次のことを行うこととされている。①持続可能な技術的解決策を実行すること、②デジタルコレクションが体系的に保存されていることを確認するためのコレクション管理枠組みを確立すること、③ ISO16363 認証の重要な要件であるプログラム開発の証拠を作成すること、④ビジネスプロセスを合理化しつつ、プログラムの組織的な枠組みを設計および実装すること、⑤適切な人的資源と経済的資源を確保すること、である[41]。これらのビジョンを実現するための枠組みについては、図 4 の通りである[42]。

（3）小　括

　以上のことを簡単にまとめると、次のようになる。まず LAC は、カナダの文書遺産を「現在および将来の世代」が利用できようにするという特別の義務を法的に負っている。そして、これを考慮して 2016 年に「評価及び収集方針の枠組み」が策定され、それから 3 年間の収集において 5 つの側面（世界的な舞台におけるカナダ、政策とガバナンス、経済、社会、そして文化）からの、一般的な戦略が用いられている。一方で、公開またはサービス提供の場面においては、3 ヵ年計画に基づく公共サービス戦略が用いられており、すべての人が利用できる永続的な知識を提供することを目標として、具体的な到達目標などが設定されている。さらに、これらの収集および公共サービスの場面において、デジタル化が重視されているということが明らかになる。この点で、カナダの文書遺産のデジタル化が 2016 年から 10 年以内に行われることが示されており、それを踏まえながら、2015 年以降においては、デジタルキュレーション、デジタルディスカバリー、デジタルパ

41）*Ibid.* at 5.
42）同戦略においては、LAC がデジタル保存の課題を克服するために講じなければならない手順として、①情報収集、②プログラム開発、③プログラム実施を想定している。*Ibid.* at 7-11.

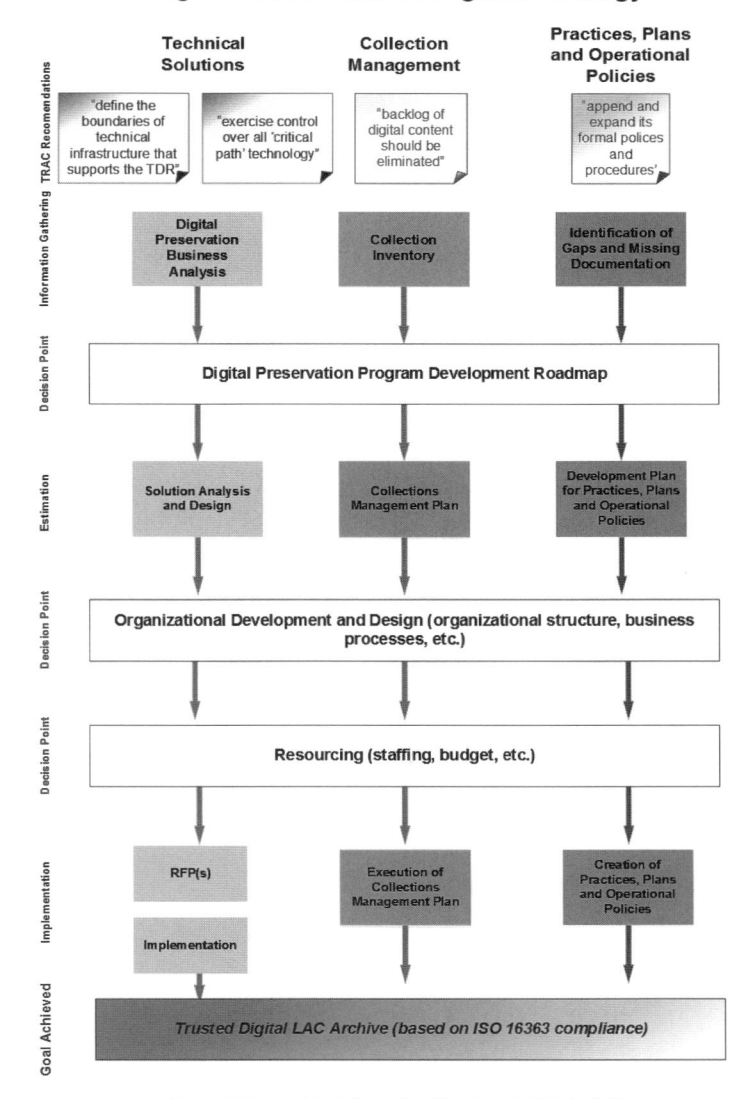

図 4　持続可能なデジタル保存プログラムの包括的な枠組み

Strategy for a Digital Preservation Program, online: Library and Archives Canada <https://www.bac-lac.gc.ca/eng/about-us/publications/Documents/LAC-Strategy-Digital-Preservation-Program.pdf> at 6.

フォーマンスといったテーマを指針とすることが示されている。もっとも公開、またはサービス提供の場面だけではなく、保存の場面においてもデジタル化が重要視されており、デジタル保存プログラムが開発され、最終段階でのビジョンを踏まえながら、具体的な保存プログラムが開発されている。

　こうした LAC の戦略の特徴をまとめると、次のようになるであろう。まず政府の戦略を基に、LAC においても、詳細かつ具体的な戦略が企図されている。特に、近年のデジタル化の影響を踏まえたうえで、それを LAC の戦略として、時代の変化に対応する努力がなされている。またこうした点は、３ヵ年計画の中にも見出され、新たな傾向と影響に対する分析を基に、具体的な計画が策定されている。次に、文書遺産の収集・保存・管理・利用といった一連の文書管理の流れのすべての過程において、デジタル化戦略が用いられており、具体的な保存プログラムが策定されていることが注目される。デジタル文書遺産の収集の場面だけではなく、時代状況の変化に対応するために、保存プログラムの具体的策定と、公共サービスにおける具体的な目標設定の場面において、デジタル化戦略が意図されている。もっとも、こうした時代の変化に適切に対応するデジタル化戦略は、利用者のアクセスにとっても重要であろうが、その戦略には考慮すべき点がいくつかある。

3．文書遺産のデジタル化と法的統制

（1）LAC 職員に対する法的統制

　デジタル化戦略だけでなく、文書管理の前提となることでもあるが、まずは LAC 職員の価値および倫理規定が問題となりうる[43]。LAC 職員には、2012 年 4 月に施行された公務員のための価値および倫理規定（Values and

---

43) *Library and Archives Canada, Code of Conduct: Values and Ethics*, online: Library and Archives Canada <https://www.bac-lac.gc.ca/eng/about-us/Pages/code-conduct-value-ethics.aspx>.

Ethics Code for the Public Sector、以下「VECPS」とする）[44] の遵守と、公務員開示保護法（Public Servants Disclosure Protection Act、以下「PSDPA」とする）[45] 第 5 条 1 項が規定する行動規範の策定義務に基づく LAC 行動規範（the LAC Code of Conduct: Values and Ethics）の遵守が求められている。そのため、VECPS と LAC 行動規範は相互補完的な規定となっている。特に後者は、LAC で雇用されるすべての者に適用されることになっており [46]、これに従わない場合には、懲戒処分の対象となっている。また PSDPA に基づき、LAC 職員が同法 12 条および 13 条に違反する可能性のある情報を保有している場合、報復を恐れずにその情報を直属の上司や公的機関誠実性管理委員会（Office of the Public Sector Integrity Commissioner of Canada）などに情報を開示することができることとされている。

　特に本稿において重要となるのは、LAC 職員の行動規範をめぐる法的な位置づけである。LAC では行動規範を支える価値として、①民主主義の尊重、②市民の尊重、③公正性、④受託、⑤卓越を掲げており、また LAC の価値と公共サービスを、意思決定、行動、および同僚や外部パートナーとの業務上の関係に取り入れることによって、リーダーシップを発揮することとしている。さらに、LAC 職員の直面する可能性のある状況に対する責任として、①情報利用と機密保持、②電子ネットワークの利用、③政府財産の利用、④知的財産が関連することとされている。まず、①情報利用と機密保持については、情報アクセス法 [47]（Access to Information Act、以下「情報アクセス法」とする）およびプライバシー法 [48]（Privacy Act、以下「プライバシー法」とする）によって保護されている情報の厳重な機密保持を保障すること

44）*Values and Ethics Code for the Public Sector*, online: Treasury Board <https://www.tbs-sct.gc.ca/pol/doc-eng.aspx?id=25049>.

45）*Public Servants Disclosure Protection Act*, S.C. 2005, c. 46.

46）学生、正社員、臨時従業員、季節労働者、パートタイム労働者、および Emeritus プログラムの参加者が含まれる。

47）*Access to Information Act*, R.S.C., 1985, c. A-1.

48）*Privacy Act*, R.S.C., 1985, c. P-21.

とされている。次に、②電子ネットワークの利用については、ソーシャルメ
ディアや電子ネットワークを介して作成された情報は、機密保持および情
報の利用のための予防措置の対象となり、関連する法令に従い、個人的な利
用が制限される[49]。③政府財産の利用については、LAC によって購入または
リースされた有形固定資産、資材、車両または施設は、政府、そしてカナダ
の人々の財産であって、適切な許可がない限り、LAC 職員は個人的な利益
などのために使用してはならないこととされている[50]。最後に、④知的財産
については、LAC またはその従業員によって作成された知識、情報、技術、
または発明は、知的財産を管理する公務員発明法[51]や著作権法[52]など、さま
ざまな法律に従って処理される必要があるとされている。デジタル化戦略
との関連でいえば、①情報利用と機密保持、②電子ネットワークの利用は、
特に法的統制という観点では重要な役割を担っているといえよう。なお、
LAC 職員には、利益相反法[53]に基づき、潜在的または現実的な利益相反に
つながる可能性のある状況を防止および回避することが求められている。

（2）LAC の文書遺産に関する法的統制—情報アクセス法とプライバシー法

　LACA に定められているように、LAC の目的および権限には、カナダの
文書遺産へのアクセスを容易にし、その遺産をカナダ人およびカナダに関心
のある人に知らせることが含まれている[54]。この点について、カナダでは情

49）これらの詳細については、許容可能なネットワークおよびデバイスの使用に関する財
　務委員会指針（*Policy on Acceptable Network and Device Use,* online: Treasury Board <https://
　www.tbs-sct.gc.ca/pol/doc-eng.aspx?id=27122>）を参照。
50）この詳細については、獲得カードに関する財務委員会指令（*Directive on Acquisition
　Cards,* online: Treasury Board <https://www.tbs-sct.gc.ca/pol/doc-eng.aspx?id=17059>）を参照。
51）*Public Servants Inventions Act*, R.S.C., 1985, c. P-32.
52）*Copyright Act*, R.S.C., 1985, c. C-42.
53）*Conflict of Interest Act*, S.C. 2006, c. 9, s. 2.　なお、利益相反については、さらに、利益
　相反および雇用後の方針に関する方針（*Policy on Conflict of Interest and Post Employment,*
　online: Treasury Board < https://www.tbs-sct.gc.ca/pol/doc-eng.aspx?id=25178>）を参照。
54）LACA 第 7 条は、次のように規定している。「国立図書館・公文書館の目的は、次の各
　号に定めるものである。（b）文書遺産をカナダ人やカナダに関心を持つすべての人に提

報アクセス法とプライバシー法において、政府機関が保有する情報にアクセスする権利を国民等に保障している[55]。

①情報アクセス法

　まず 1982 年に制定され、翌年に施行された情報アクセス法は、その第 4 条 1 項において、カナダに居住するカナダ国民、永住者[56] または法人に、連邦政府機関の管理下にある記録（record）[57]にアクセスする権利を保障している[58]。また同条 2.1 項において、政府機関の長は、要請に応じて、本人を援助するためにあらゆる合理的な努力を行うものとしている[59]。また第 12 条 1 項によれば、アクセスをすることができる者には、規則に従い、その記録またはその一部を調査する機会を与えられるか、写しを提供されることになっている。ただし、第 13 条 1 項により、政府機関の長は、同法により要求された記録が、外国の政府またはその機関、国際的な国家組織またはその機関、州政府またはその機関、州の議会法またはそのような政府機関などか

供し、そのアクセスを容易にすること」。

[55] *Access to Information, Privacy and Personnel Records*, online: Library and Archives Canada <https://www.bac-lac.gc.ca/eng/transparency/atippr/Pages/access-information-privacy-records.aspx>.

[56] 移民難民保護法（*Immigration and Refugee Protection Act*, S.C. 2001, c. 27）第 2 条 1 項が規定する永住権を有する「永住者」を意味する。

[57] 情報アクセス法第 4 条 3 項によれば、「この法律の目的によれば、規則による制限があることを条件として、物理的に存在しないが、政府機関によって通常使用されるコンピュータのハードウェア、ソフトウェアおよび技術的専門知識を使用して、政府機関の管理下にある機械から読み取り、作成することができる記録は、政府機関の管理下にある記録とみなされる」と規定する。このことから、政府機関が保有するデジタル情報も同法でいう「記録」に該当し、アクセスの対象となる。

[58] 情報アクセス法第 2 条 1 項は、次のように規定している。「この法律の目的は、政府の情報は一般に公開されるべきであること、アクセスの権利に対する必要な例外は、限定的かつ具体的であるべきであること、そして、政府の情報の開示に関する決定は政府とは無関係に審査されるべきであるという原則に従い、政府機関の管理下にある記録情報にアクセスする権利を提供するために、既存の法律を拡張することである」。

[59] 同条によれば政府機関の長は、機関の管理下にある記録へのアクセスを要求する者の身分に関係なく、規則に従い、要求に正確かつ完全に応じ、要求された形式で記録への的確なアクセスを提供することが求められる。

ら、秘密裏に得られた情報を含むものである場合には、その開示を拒否することができる[60]とされている[61]。また、第68条と第69条には、同法が適用されない資料として、公表されている資料または一般的に購入可能な資料、一般に展示などの目的でのみ保存されている図書館・博物館の資料、カナダの図書館および公文書館、カナダ国立美術館、カナダ歴史博物館、カナダ自然博物館、国立科学技術博物館、カナダ人権博物館、またはカナダ博物館などで保管されている、政府機関以外の個人または組織の資料などが含まれている。

　同法に基づくLACにおけるアクセスへの責任構造は、図5の通りである[62]。LACの文書遺産へのアクセスに関する要求は、まず2つのチーム（アーカイブと運用記録（Archival and Operational Records）と人事記録（Personnel Records）において受領され、対応することとされている。そして、その責任および権限構造については、最高執行責任者であるLAC館長を頂点として、各部署にその権限が委任される構造になっている。

　なお、同法第72条は政府機関の長に対して、議会に年次報告書を提出する必要があるとしており、LACにおいても、情報アクセス法年次報告書が作成されている[63]。この報告書によれば、2016年から2017年にかけて、同

---

60) もっとも同条第2項により、それらの機関から開示についての同意がある場合や、情報の公開が認められている場合には、開示することができるとされている。

61) なお、同法の免除規定は、第13条から26条に規定されており、連邦と州間の協議や審議、国際情勢や防衛、法執行機関と捜査、個人の安全、経済的利益、個人情報、第三者の情報、政府の助言・裁量、試験・内部監査、法定禁止事項などに関する記録については、その具体的な定義に基づいて、開示を拒否することができることとされている。

62) 情報アクセス法に基づく申請様式については、LACのウェブサイト（http://www.tbs-sct.gc.ca/tbsf-fsct/350-57-nf-eng.pdf）で参照することができる。

63) 2016年4月1日から2017年3月31日の報告書については、次のものを参照。*Annual Report on the Access to Information Act: 2016–2017*, online: Library and Archives Canada <https://www.bac-lac.gc.ca/eng/about-us/publications/Documents/LAC-Strategy-Digital-Preservation-Program.pdf>. なお、2011年以降の報告書は、LACのウェブサイト（http://www.bac-lac.gc.ca/eng/transparency/atip/Pages/reports.aspx）に公開されている。*See. Reports and publications*, online: Library and Archives Canada <http://www.bac-lac.gc.ca/eng/transparency/atip/Pages/reports.aspx >.

法に基づく LAC への情報公開の要求件数は 1,125 件であり、またその要求に対する回答件数は、987 件である（表 1 を参照）[64]。なお、これらの数値を前年度と比較すると、前者は 737 件、後者は 758 件であり、いずれも増加傾向にあることが指摘されている。

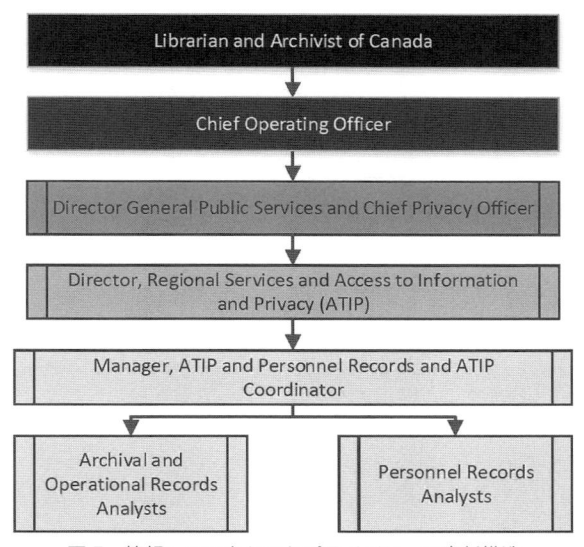

図 5　情報へのアクセスとプライバシーの責任構造

Annual Report on the Access to Information Act: 2016–2017, online: Library and Archives Canada <https://www.bac-lac.gc.ca/eng/about-us/publications/Documents/LAC-Strategy-Digital-Preservation-Program.pdf> at 5.

表 1　2016 年から 2017 年にかけての情報アクセス法に基づく要求件数

Formal requests received in 2016-2017	Formal requests carried over from 2015-2016	Formal requests completed in 2016-2017	Formal requests carried forward into 2017-2018
1125	103	987	241

Annual Report on the Access to Information Act: 2016–2017, online: Library and Archives Canada <https://www.bac-lac.gc.ca/eng/about-us/publications/Documents/LAC-Strategy-Digital-Preservation-Program.pdf> at 8.

64）*Annual Report on the Access to Information Act, ibid.* at 8.

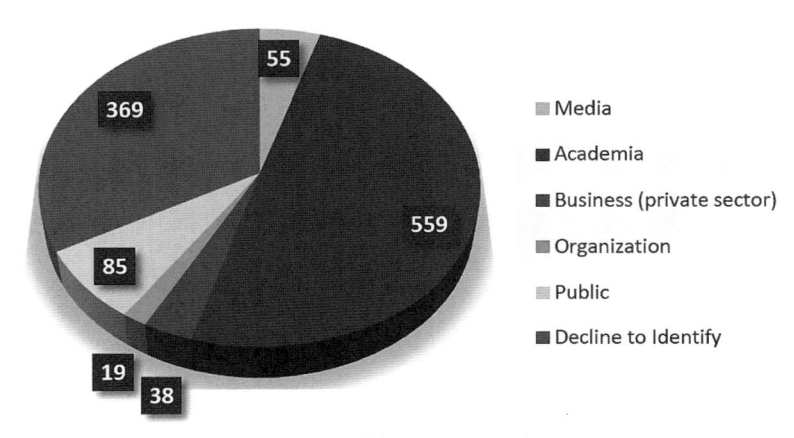

図6　情報アクセスへの内訳

Annual Report on the Access to Information Act: 2016–2017, online: Library and Archives Canada <https://www.bac-lac.gc.ca/eng/about-us/publications/Documents/LAC-Strategy-Digital-Preservation-Program.pdf> at 9.

　また、2016 年から 2017 年度の報告期間中に受領した 1,125 件の新規請求のうち、559 件（50％）が学界関係者であることを特定した主体からであり、369 件（33％）はその特定を拒否した主体からの者であったとされている。そして残りの 18％は、メディア、企業、団体、または一般の人々によるものであったとされている（図 6 を参照）[65]。

②プライバシー法

　一方で 1983 年に制定・施行されたプライバシー法は、カナダの国民または永住者に、連邦政府機関の管理下にある個人情報に対するアクセス、訂正、または添付する権利を提供している[66]。同法の対象となる連邦政府機関

65）*Ibid.* at 9.
66）プライバシー法第 2 条は、次のように規定している。「この法律の目的は、政府機関が

は、同法の別表に記載されている機関にのみ適用され、例えば、政党など
には適用されないことになっている。また、同法第3条によれば、その対
象となる個人情報とは、「あらゆる形式で記録された識別可能な個人に関す
る情報」をいうこととされている[67]。もっとも、情報アクセス法第7条、第
8条、第26条および第19条の目的のために、政府機関の職員であった時の
情報や、政府機関との契約に基づいてサービス提供をしている個人の情報、
免許や許可を含む金銭的利益に関連する情報、20年以上前に死亡した者の
個人情報については、同法が規定する個人情報には含まれないこととされ
ている。同法の対象となる個人情報については、同法第12条1項により、
カナダ国民または永住者であるすべての個人は、個人情報バンク（Personal
Information Banks）に含まれる個人に関する情報、そして、政府機関の管理
下にある個人情報について、アクセスする権利が保障されている[68]。具体的
には、同2項により、個人情報に誤りや記載漏れがあった場合の訂正などを
行うことができる。

　同法は、個人情報の収集、保護、利用に分けて、政府機関が保有する情報
についての法的統制を行っている。まず収集に関しては、同法第4条によれ
ば、政府機関は個人の情報について、その活動に直接関連しない限り、収集
してはならないとされており、また第5条により、行政上の目的で使用され
ることを意図した個人情報を直接収集することができるとされている。もっ

　　保有する個人情報について、当該個人にそのプライバシーを保護し、その情報にアクセ
　　スする権利を提供するように、既存の法律を拡張することである」。
67）具体的には、①個人の人種、国籍または民族的出身、色、宗教、年齢または婚姻関係
　　に関する情報、②個人の教育または医療、刑事または雇用歴に関する情報、または個人
　　が関与した金融取引に関する情報、③個人に割り当てられた識別番号、記号またはその
　　他の特定されたもの、④個人の住所、指紋、または血液型、⑤政府機関やその一部によっ
　　て個人に授与される賞や助成金の提案のためのものを除く個人の意見や見解、⑥秘密の
　　性質を持つ個人から政府機関に送付された文書、⑦個人の他人に対する見解または意見、
　　などが含まれている。
68）プライバシー法に基づく申請様式については、LACのウェブサイト（https://www.bac-
　　lac.gc.ca/Generics/atip/Documents/350-58-nf-eng.pdf）で参照することができる。

とも、同第2項により、政府機関はその個人情報を収集した個人にその目的
を通知しなければならないとされている。また個人情報の利用にあたって、
第7条は、個人の同意なしに政府機関の保有する情報を使用してはならない
としている。さらに第8条は、その開示にあたっても本人の同意を要件とし
ているが、同3項において、LACの管理下にある歴史的目的または保存目
的で、政府機関から移管された個人情報は、研究や統計目的のために、規則
に従い開示される場合があるとしている。第10条は、政府機関の管理下に
あるすべての個人情報について、政府機関の長は、個人情報バンクに含ませ
るものと規定するが、同2項において、LACの管理下にある個人情報につ
いては、適用されないとしている。

　ただし、同法第18条は、特定の情報が含まれた個人情報について、総督
は免除バンクとして指定することができるとされており、さらにその指定
された個人情報バンクについて、政府機関の長はその開示を拒否することが
できると規定している。また同条以下ではいくつかの免除規定を置いてい
る[69]。そして、同法第69条では、情報アクセス法と同じように、同法が適用
されない資料として、一般に展示などの目的でのみ保存されている図書館・
博物館の資料、カナダの図書館および公文書館、カナダ国立美術館、カナダ
歴史博物館、カナダ自然博物館、国立科学技術博物館、カナダ人権博物館、
またはカナダ博物館などで保管されている、政府機関以外の個人または組織
の資料などを規定している。

　情報アクセス法と同様に、プライバシー法においても、第72条に基づき
議会に対する年次報告が義務づけられている。同報告書によれば[70]、まず責

---

69) 同法の免除規定は、第18条から28条に規定されており、連邦と州間の協議や審議、
　　国際情勢や防衛、法執行機関と捜査、州における警察活動、プライバシー・コミッショ
　　ナー、公共整合委員会、国家安全保障情報委員会、セキュリティ・クリアランス、刑の
　　宣告、個人の安全、他人の個人情報、弁護人依頼権、医療記録などに関する情報につい
　　ては、その具体的な定義に基づいて、開示を拒否することができることとされている。
　　またこの規定は、情報アクセス法と類似している。
70) 2016年4月1日から2017年3月31日の報告書については、次のものを参照。*Annual*

表 2　2016 年 4 月 1 日から 2017 年 3 月 31 日にかけてのプライバシー法に基づく要求

Formal requests under the Privacy Act	Number of formal requests
Received during reporting period	373
Outstanding from previous reporting period	20
Total	393

Annual Report on the Privacy Act: 2016-2017, online: Library and Archives Canada <https://www.bac-lac.gc.ca/eng/transparency/atip/Documents/APA-2016-2017.pdf> at 8.

任体制については、情報アクセス法におけるアクセスへの対応と同じ構造になっている（図 5 を参照）[71]。また LAC は、2016 年 4 月 1 日から 2017 年 3 月 31 日にかけて、同法に基づき 373 件の開示要求を受けたが、これは前年度の 306 件から増加傾向にあることが指摘されている[72]。

　ところで、カナダにはプライバシー権に関わるいくつかの法律が制定されているが[73]、これまで説明してきたプライバシー法は、連邦政府機関が保有する個人情報を対象とする連邦法である。これに対して、民間部門における個人情報の取り扱いを定めているのが、個人情報保護および電子文書法である。ただし同法は、LAC に関する情報の取り扱いを規定していないため、本稿では割愛する。なお、ヨーロッパにおける一般データ保護規則（General Data Protection Regulation、以下「GDPR」とする）については、現在、LAC が欧州連合加盟国の国民を対象としたプログラムやサービスを対象としておらず、行動監視にもデータを使用していないことから、LAC には影響を及ぼさないとされている。ただし、将来、LAC がヨーロッパのデータ主体を

Report on the Privacy Act: 2016-2017, online: Library and Archives Canada <https://www.bac-lac.gc.ca/eng/transparency/atip/Documents/APA-2016-2017.pdf>.

71）*Ibid.* at 6.

72）*Ibid.* at 8.

73）カナダのプライバシー権と個人情報保護法に関する法制度の詳細については、石井夏生利「カナダのプライバシー・個人情報保護法」情報法制研究第 1 号（2017 年）11-27 頁を参照。

対象としたプログラムを実施すること、またはこれらの主体の行動を監視することを選択した場合、GDPR の下での責任を確認するための更なる作業が必要になるとされている [74]。

（3）デジタル情報の利用等に対する法的統制―アクセス向上に対する指針

①アクセス指針の枠組み

　こうした法律上の規定のほか、LAC はアクセスの向上のために、アクセス指針の枠組みを作成し、2016 年 9 月 12 日に LAC 管理委員会において承認されている [75]。この枠組みは、 LAC によるすべての活動に適用するものとされている。この枠組みの別表 A によれば、そもそも「アクセス」とは、利用者が LAC の保有する記録を見つけ、識別し、閲覧し、取得し、使用することができるときに発生するものであると定義されている [76]。この枠組みによれば、カナダ政府や機関が、特に農村地域で、手頃な価格のブロードバンドアクセスを提供するというコミットメントを高めている中で、新しいテクノロジー（スマートフォン、タブレットなど）や新しいデジタル形式（3Dプリントファイルなど）の採用などが要因となり、オンラインでコンテンツにアクセス、発見、使用する方法に革新がもたらされていることから、こうした動きへの対応がなされる必要性が指摘されている。

　そして、急速に進化しているデジタルおよびネットワーク環境の中でLAC は、これらの機会を活用してコレクションへのアクセスを強化することを目指し、次のことを継続することとしている [77]。つまり、利用者中心のプログラミングとサービスを提供しサポートすること、利害関係者と協力

---

74) *GDPR (General Data Protection Regulation) Final Report*, online: Library and Archives Canada <https://www.bac-lac.gc.ca/eng/transparency/atip/Pages/GDPR-final-report.aspx>.

75) *Library and Archives Canada Access Policy Framework*, online: Library and Archives Canada <https://www.bac-lac.gc.ca/eng/about-us/policy/Documents/access-policy-2016.pdf>.

76) *Ibid.* at 7.

77) *Ibid.* at 3.

的かつ共同的に作業すること、LAC の保有する遺産について、発見、利用、
およびアクセスを可能にするために、法律および指針上の制限、ならびに技
術的、地理的、および物理的な障壁を取り除くよう努力することである。そ
してこれらをさらに具体化するために、４つの原則が掲げられている。まず
① LAC が保有する文書遺産の発見を可能にすること、②それらを利用可能
にすること、③それらにアクセスできるようにすること、④さまざまな機関
と協力すること、である[78]。

②文書遺産を発見・利用可能にするための指針

　さらに LAC では、いくつかの指針が承認されているが、利用者の観点か
ら重要な指針が２つある[79]。１つ目は、LAC が保有する文書遺産を発見可能
にするための指針である[80]。この指針は、2013 年 12 月 9 日にカナダ図書館
管理局の承認を受けたものであるが、前記のアクセス指針枠組みと整合する
ものであり、LAC におけるあらゆる分野の発見活動に適用されるものとさ
れている。そのために、LAC にはその保有する文書遺産についてデジタル
で発見可能にすることが求められている。

　そこで、本指針は、① LAC が保有する文書遺産について、利用者がそれ
を発見できる活動のために効果的な実行、文書化、評価、管理を行い、それ
が LACA に基づく LAC の使命と適切に整合していることを保障すること、
② LAC が保有する文書遺産について、利用者がそれを発見できる活動に関
連する明確な役割と責任を割り当てること、③発見をサポートするための基
準と記述的なメタデータの基準を確立するための運用領域の要件を設定する

78）　*Ibid.* at 4.
79）　なおそのほかにも、著作権に関わる指針がある。*See Policy on Copyright Management*,
　　online: Library and Archives Canada <https://www.bac-lac.gc.ca/eng/about-us/policy/Pages/
　　policy-copyright-management.aspx>.
80）　*Policy on Making Holdings Discoverable*, online: Library and Archives Canada <https://www.
　　bac-lac.gc.ca/eng/about-us/policy/Pages/policy-making-holdings-discoverable.aspx>.

こと、④発見を支援するための適切なインフラの提供を保障することである
とされる。

　またもう一つの指針は、LAC が保有する文書遺産を利用可能にするため
の指針である[81]。この指針は、2013 年 4 月 2 日に LAC において承認、2014
年 6 月 9 日に管理委員会においてその修正が承認されたものであるが、
LAC が保有する文書遺産へのアクセスの妨害要因を減らすことを目的とし
た LAC 活動に適用される。もっとも、情報アクセス法の免責の対象となっ
ているものなど、他の法律上の規定[82] や LAC によって例外的状況が決定さ
れた場合には、この指針の例外となる場合もあることが前提とされている。
この指針によれば、法的または方針上の制限がアクセスを妨げないよう、
LAC が保有する現在および将来の文書遺産の保有量を最大化することであ
り、これにより、活動、およびそれを支える役割と責任が、すべてのスタッ
フによって明確に理解され、合意され、効果的に管理および評価されるよう
になるとされる。

　このように、LAC では利用者の視点からさまざまな指針が定められてお
り、利用可能性の強化やデジタル化への配慮がなされていることがわかる。
特に本稿においては、後者のデジタル化への配慮がさらに具体的にどのよう
になされているか、という点が問題となるが、LAC では、ウェブ・アクセ
シビリティ指令[83] が具体的に示されている。

③ウェブ・アクセシビリティ指令と裁判所の判断

　ウェブ・アクセシビリティ指令は、2016 年 10 月 11 日に LAC 管理委員会

81）*Policy on Making Holdings Available*, online: Library and Archives Canada <https://www.bac-lac.gc.ca/eng/about-us/policy/Pages/policy-making-holdings-available.aspx>.

82）ここでは、前述したプライバシー法に基づく個人情報の保護が求められる。

83）*Library and Archives Canada Directive on Web Accessibility*, online: Library and Archives Canada <https://www.bac-lac.gc.ca/eng/about-us/policy/Documents/directive-web-accessibility-2016.pdf>.

において承認されたものであるが、エクストラネット、アーカイブされた
ウェブページ、第三者のソーシャルメディアプラットフォーム、コラボレー
ションアグリーメントの結果として、他の組織に代わって LAC によって管
理される非政府情報を掲載した Web サイトを除く、すべての LAC の外部
サイトに適用されるものとされている[84]。

　この指令によれば、インターネットは地理的な障壁を減らし、多くの利用
者に情報が到達することを可能にするが、同時に、特に知覚障害を持つ利用
者に対する技術的障壁をもたらすとされ、LAC はカナダ人にその文書遺産
へのアクセスを差別なく提供し、カナダに興味を持つ人のためのアクセスを
容易にすることが必要であるとしている[85]。そのうえで LAC は、失明や低
視力、聴覚障害、難聴、学習障害、認知障害、運動障害、言語障害、光過敏
症などの知覚障害のある利用者に対応する義務は、上記のアクセス指針の
枠組みだけでなく、権利と自由に関するカナダ憲章[86]、カナダ人権法[87]、財務
省事務局の通信と連邦アイデンティティに関する指針[88]、同局のウェブ・ア
クセシビリティ基準[89]などによって促進されるものであるとされる。そのた
め、この指令の目的は、それらの規定をどのように適用するかを定義する
ことであるとされる[90]。なお、こうしたウェブサイトのアクセシビリティに
ついては、ジョダン事件連邦地裁判決[91]において司法判断が下されており、

84）　*Ibid.* at 2.

85）　*Ibid.*

86）　*Canadian Charter of Rights and Freedoms, s 8, Part 1 of the Constitution Act, 1982*, being Schedule B to the *Canada Act 1982* (UK), 1982, c 11.

87）　*Canadian Human Rights Act*, R.S.C., 1985, c. H-6.

88）　*Policy on Communications and Federal Identity*, online: Treasury Board <http://www.tbs-sct. gc.ca/pol/doc-eng.aspx?id=30683>.

89）　*Standard on Web Accessibility,* online: Treasury Board <http://www.tbs-sct.gc.ca/pol/doc-eng. aspx?id=23601>.

90）　*Supra* note 83 at 2-3.

91）　*Jodhan v. Canada (Attorney General)*, 2010 FC 1197. 同事件は、視覚障害者であるジョダ
ンが、視覚障害者に政府のウェブサイトおよびオンラインサービスへのインターネッ
トアクセスを提供するために連邦政府によって実施された基準について、彼らがカナ

LAC は合理的配慮を行う最善の努力をしなければならないとされている。

（4）小　括

　このように LAC においては、LACA に基づく利用者のアクセスの向上という観点と、情報アクセス法やプライバシー法によるアクセスする権利の保障という観点から、LAC の利用者に対するフォローを行うための指針が定められ、実際に運用されている。ここで重要なのは、アクセスする権利を保障するための具体的な視点であり、文書遺産の価値を利用者の視点から捉え、その最大化を図るために、多くの指針や指令が策定されていることである。つまり、まずカナダにおける公文書管理に関わる重要な特徴は、情報アクセス法やプライバシー法において、前者は連邦政府機関における情報にアクセスする権利を、後者は同機関に保管される自己の情報にアクセスする権利を明示的に国民等に保障していることである。また、この権利は LACA においても明文で規定されており、LAC の業務における法的な統制として機能していることである。

　さらに、重要なことはこれだけではなく、そうした法的統制が具体的な指針や指令として具体化されていること、そしてその指針が憲法上保護される人権とも整合する内容でなければならないことが、司法的判断によって示されているということである。連邦政府の保有する情報にアクセスする権利は、LAC の保有する文書遺産にも及び、それだけではなく、その権利の具体的な方策が、LAC の運用過程にまで及び、さらに今後課題となるであろうデジタル化戦略をも統制する形で作用している。

ダ政府のウェブサイトにアクセスできないことから、憲章第 15 条の平等権を侵害するとして提訴した事件である。彼女によれば、ウェブサイト上でオンライン求人に応募できないなどの弊害があったとされている。連邦地方裁判所の判断は、視覚障害者にはオンラインサービスについて、平等にアクセスする権利があることを認めた。At para 164.　これに対して政府は控訴したが、連邦控訴裁判所はこの控訴を棄却した。*Jodhan v. Canada(Attorney General)*, [2012] FCA 161.

4．おわりに

　以上のように、本稿では、カナダにおける近年のデジタル化戦略を踏まえつつ、それに対する法的統制の場面に焦点を当てて、まずカナダにおける法制度のあり様として、情報にアクセスする権利に基づいて、LAC の保有する文書遺産の収集・保管・管理・運用が統制されていることを明らかにし、そうした統制がデジタル化にも及んでいることを明らかにした。具体的には、LAC においては、①時代状況の変化に積極的に対応するためのデジタル化戦略が企図されており、具体的な３ヵ年計画が策定されていること、そしてそれは、②収集場面だけではなく保存プログラムにも活用されていること、さらに、そうしたデジタル化戦略に対して、③国民のアクセスする権利を目的とした法的統制と利用のあり方が模索されていること、である。

　こうした一連のカナダの戦略と法的統制のあり方について、本稿では主にアクセスする権利の観点から整理を行ってきたが、カナダの文書管理については、具体的な権利が制度だけではなく運用の場面においても浸透していることが明らかになる。この利用者の権利という側面の強調は、骨子案の中にも見られるが、情報公開という視点だけではなく、権利としてそれを保障することの意義が、カナダの実情から見て取れるように思われ、そうした視点の活用が日本でも有意義であるように思われる[92]。

　なお、本稿では取り上げられなかった問題がいくつかある。まず本稿で

---

92) もっとも、私物化容認問題との関係でいえば、カナダでも公文書の廃棄が問題となっている。この問題は、法制度上で国民の財産である文書遺産を保護することの意義について、その法制度をいかに運用していくか、また行政機関による運用をどのように統制していくのかという問題となっており、日本における問題とも共通の問題がある。この点については、帝国データバンク史料館「公文書廃棄問題：ブリティッシュ・コロンビア州政府の場合」（http://www.tdb-muse.jp/webmagazine/2018/02/post-963.html）を参照。さらに、そこで紹介される次のレポートも参照。*Investigation Report F15-03 Access Denied: Record Retention and Disposal Practices of The Government of British Columbia*, online: Elizabeth Denham <https://www.documentcloud.org/documents/2475478-ir-f15-03-accessdenied-22oct2015.html>.

は、近年の LAC におけるデジタル化戦略について、その法的統制におけるアクセスの権利に着目して、主にその法制度を紹介し検討を行ってきたが、LAC における文書管理については、そのほかにもさまざまな法制度による統制がなされている。例えば、著作権に関わる問題は、アクセスの権利にも関わる大きな問題であり[93]、また証拠法[94]や公用語法[95]などについても、LAC の運営と大きく関わる。さらに、近年ではプライバシー法の改正が求められているところでもあり、行政上の文書管理のあり方に対する法制度上の全体的なあり様については、今後も分析を行っていく必要があるであろう。また本稿では、LAC の文書管理に関する司法的な統制のあり方として、ジョダン事件に若干触れたが、裁判所による判断についての検討が不十分であった。今後は行政機関による文書管理の統制について、民主的な統制だけではなく、司法的な統制の観点からも検討の必要があるように思われる。

93）Andrea Kampen, "Copyright Issues in Archives" (2016) 12 Dalhousie, Journal of Interdisciplinary Management, online: <https://ojs.library.dal.ca/djim/article/viewFile/6170/5820>

94）カナダにおける電子記録と証拠法の妥当性については、次の文献を参照。Luciana Duranti, Corinne Rogers, Anthony Sheppard, "Electronic Records and the Law of Evidence in Canada: The Uniform Electronic Evidence Act Twelve Years Later" (2010) Archivaria, 70 at 95–124.

95）公用語に関しては、2017 年 5 月 23 日に LAC 管理委員会で承認された指針がある。*Directive on the Official Language of Description*, online: Library and Archives Canada <https://www.bac-lac.gc.ca/eng/about-us/policy/Documents/directive-official-language-description.pdf>.

イタリアのアーカイブズと文書保護局

ディアーナ・マルタ・トッカフォンディ

訳　丸田 美香

謝　　辞

　皆様、こんにちは。本日はお集まりいただきありがとうございます。今日のお話しが皆様におかれましても関心のあるテーマであればと思います。そして中京大学、特にこのような貴重な機会を与えて下さった檜山教授をはじめ、東山特任研究員ならびに通訳をお引き受けいただいた湯上氏にも大変お世話になりますこと、心から厚くお礼を申し上げたいと思います。

イタリアのアーカイブズと文書保護局

　はじめに、イタリアのアーカイブズが偉大な遺産であることを前提としておかなければなりません。実際にイタリアには、多数の重要なアーカイブズ遺産が広範囲にわたり存在しています。しかし、これらのアーカイブズ遺産は散在しているため、保存、保護、有効活用という側面から細心の注意と配慮がなされた活動が必要とされます。この保存、保護、有効活用とは、非常に重要な点です。ところで、こういった文化遺産は、アーカイブズのみで構成されているのではなく、図書館や博物館と共に構成され、膨大な文書群を成しています。したがって、複雑な総体であることを忘れてはなりません。

この偉大な文書群が、国家の歴史的、文化的遺産を形成しており、イタリア共和国憲法第9条により保全されています。

　ここで、アーカイブズと芸術作品は互いに関係し合い、不可分の総体を構成していることを示すため、いくつかの画像を見ていきます。これは「文化財」の法的概念が複雑であると見なされている理由です。

　写真1は、サンドロ・ボッティチェリの『マニフィカトの聖母』の絵画の細部です。法律書が描かれていて、絵画の中にも文書が書かれています。写真2は、フィレンツェにあるジノーリ家一族の文書庫です。写真3は、ルッカの国立文書館にある14世紀の手稿で、ジョヴァンニ・セルカンビによって綴られた年代記です。トスカーナで起こった出来事が語られ、非常に鮮やかなイラストもあります。写真4は、ビッケルナ（Biccherna）と呼ばれ、シエナの自治体の帳簿文書の表紙のために制作された板絵です。写真5は、レオナルド・ダ・ヴィンチの手稿であり、線画も同時に残されているため、文書と芸術の共存が見受けられます。写真6は、ミケランジェロの詩集『リーメ』の手稿です。写真7は、トスカーナ州の一部を表した地図です。写真8は、フィレンツェ共和国のプリオーレ（行政高官）たちが誓った聖書であり、フィレンツェの国立文書館にある貴重な文書です。写真9は、ラウレンツィアーナ図書館です。写真10は、18世紀のシエナの都市景観図です。ご紹介したこれらの画像は、イタリアの文化遺産、特に文書資料がどれほど変化に富んだものであり、多様化しているかを示しています。

　この文化遺産に関する三つの主な活動は、保存、保護および有効活用です。第一に、これらの活動は、文化財・文化活動省を通じて行使される国家の責務とされています。省庁は国内において地方の機関、すなわち国立文書館、図書館、美術館、文書保護局を介して活動します。また、州政府やコムーネ（市町村）などの地方公共団体、特定の個人もこれらの業務に協力します。写真11は、文化財・文化活動省のwebサイトです。

イタリアのアーカイブズ―保存と保護

　それでは、文化財・文化活動省が取り組んでいるアーカイブズに関する三つの主な役割について、詳しく説明していきます。一つ目は、現在のイタリア国家やイタリア統一前に存在した都市国家において作成された文書を保存する役割です。そして、公的および私的アーカイブズを保護する機能です。すなわち、地方公共団体、文化機関、宗教機関、一族、私的企業などの文明社会の中で作り出された文書の保護を意味します。そして、それら保存、保護された文書への有効活用に寄与します。

国立文書館

　一つ目の保存の役割は、主に県庁所在地に所在する国立文書館に委託されています。では、国立文書館にはどのようなものが保存されているのかというと、イタリア統一前に存在していた旧国家の地図や、国家統一後の地方行政が作成した文書で、実務終了から30年が経過したものです。したがって、国立文書館の役割は、とりわけ公文書を保存することになりますが、個人から寄付されたり、寄託されたりするものや、その他、文書保護局の保護下において受け入れられた多数の私的文書も管理しています。

　写真12のイタリア地図では、国内の国立文書館の分布を見ることができます。イタリアの主要な国立文書館には、重厚な佇まいで、高名な歴史的建造物が利用されています。しかしながら、この点については、活動拠点としての建造物自体が本来文書館として計画的に建設されていないことを理由に問題が生じる可能性があります。文書管理においては、正しい保存に関する方針や基準に従わねばなりません。したがって、これらの基準に則りつつ、同時に建造物の歴史を保護していくことは必ずしも容易ではありません。

　それでは、トスカーナ州内各地の国立文書館の画像をいくつか見ていきます。大部分は歴史的建造物を転用していますが、唯一、写真13のフィレンツェの国立文書館のみは例外です。1852年から1988年まではウフィツィ

美術館内に設置されていましたが、現在の文書館は、1966 年の洪水の後、1970 年代に建設されたものです。アーカイブズの移転は 1988 年から 89 年にかけて行われました。写真 14 は、13 世紀の建造物を利用した国立プラート文書館です。写真 15 は、歴史的建造物であるピッコロミニ宮にある国立シエナ文書館です。先に見たシエナ共和国時代の帳簿文書の表紙の板絵が展示されているビッケルナ博物館も併設されています。写真 16 は、ナポレオン時代の 19 世紀まで、トスカーナの他の地域から独立を保っていたルッカ共和国時代の歴史をすべて収蔵している国立ルッカ文書館です。

　次に、トスカーナを離れて、その他の主要な国立文書館を見ていきます。写真 17 は、国立ヴェネツィア文書館であり、かつてフランシスコ会の修道院であった建造物を利用したものです。国立文書館の中でも最も大きいものの一つとされています。しかし、この画像からもわかるように、旧式の書架は、高さ、資料の保存性、空調、および現場の職員の安全面といった点で多くの問題を抱えています。写真 18 の国立ナポリ文書館についても同じことが言えます。非常に魅力的な建物ではありますが、同様の問題があります。最後に写真 19 は、サピエンツァ宮にある国立ローマ文書館です。

文書保護局

　次に、二つ目の主に文書保護局に委ねられている保護の機能について見ていきます。文書保護局は、それぞれある特定の地域または二つ以上の地域を管轄しています。イタリア各地の主な州都に設置されており、現在 14 の文書保護局が存在しています。

文書保護局の役割

　文書保護局の役割は、国の機関以外の公的団体の文書の保護と監視を担っています。地域団体に限らずイタリア全土で活躍する団体の文書も対象とされています。イタリア共和国憲法にも記されているように、コムーネ（市町

村）や州は、国の一部の地域を統治する地方公共団体であり、国家機関では
ありません。また、このコムーネ（市町村）や州以外にも、特定の機能を
持つ、地域に限定されない公的団体があります。したがって、文書保護局
は、国の機関以外が作成したこれらすべての文書の保護と監視を行います。
また、文書保護局による保護および監視の任務は、私有財産としてのアー
カイブズや個々の文書にも及びます。つまり、一族や個人、私的企業、協
会、または民間法人の機関等の非国有アーカイブズについても保護し、管理
します。しかし、後者の私有アーカイブズや個々の文書においては、それら
が保護、管理の対象となるためには、文書保護局によって定められた手順に
従い、必要な調査と審査の結果、「最重要歴史的価値宣言」がなされなけれ
ばなりません。イタリアの法律（「文化財及び景観法」、2004 年暫定措置令
第 42 号）では、地方公共団体の文書は作成時から文化財と見なされますが、
私有のものに対しては「最重要歴史的価値宣言」が発令されなければならな
いと定められています。

保護の必要性

　それでは、なぜこのように文書に対する保護が必要となり、文書保護局の
存在が必要とされるのでしょうか。その背景には、以下に述べる文明の概念
があります。アーカイブズ遺産は、公的なものであれ私的なものであれ、こ
れらすべてが国家の記憶を形成します。人々にとって非常に重要な役割を持
ち、社会全体の利益となるものです。ゆえに、国民の利益を代表する国家が
この役割を担い、人々の利益のためにこれらの遺産の保護を保証していくこ
とが必要なのです。したがって、保護とは国民自身の権利の擁護を意味しま
す。この場合、すべての人々の利益は私有財産よりも堅固となります。
　国家統一後のイタリアの法律は、アーカイブズに非常に関与しています。
しかし、保護の概念とそれが私有財産にまで及んで定義されたのは、記念
碑、景観、図書館やアーカイブズの保護を保証する特定の法律が導入された

1939 年以降になります。これらはすべて、1948 年に公布されたイタリア共和国憲法第 9 条によって「共和国は、文化の発展と科学技術研究を促進し、国家的な史的・芸術的景観遺産を保護する」と規定されています。つまり、保護と研究が互いに結びついているということを意味します。研究なくしては文化遺産の保護はありえず、文化遺産の保護なくしては研究の発展はありえないということです。ここから、二つの基本概念が浮かび上がってきます。一つ目は、景観には人間と自然との関係が明らかにされているため、保護されなければならないということです。二つ目に、すべての歴史的および芸術的遺産は、文化財の概念を形成するということです。

文書保護局の管轄

　それでは、文書保護局が保護権を行使し、実際にどのように監視し、これらの遺産への認識のために活動しているか、公的および私的アーカイブズの例を通して具体的に見ていきます。

地方公共団体のアーカイブズ―コムーネ（市町村）、県、州

　まず、地方公共団体のアーカイブズ、すなわちコムーネ（市町村）*、県、州といった地域を統治する地方公共団体のアーカイブズから見ていきます。現在のイタリアの行政構造を構成しているこれらの行政機関、その中でも特にコムーネ（市町村）は、自治都市時代の旧行政機関を受け継いでいるものです。これらは地域全体に広がるネットワークを形成し、場合によっては 11 世紀に遡り、政治的、行政的、社会的記憶というかけがえのない情報源を提供しています。また、今日に至っても文書が作成されています。

---

　* イタリア語で Archivio Comunale（アルキヴィオ・コムナーレ）と呼ばれる文書館は、コムーネ（市町村）により設置されている地方公共団体の歴史文書館である。イタリアの自治体には、日本の市町村のような規模による区別はないため、例に挙げられているコムーネ（プラート、フィエーゾレなど）については、本稿では便宜上、市と呼ぶことにしている。

　コムーネ（市町村）が作成した文書の例を順に見ていきますが、これらの資料から歴史性との重要性を察することができます。写真 20 は、プラート市の歴史文書館に保存されている 1291 年に作成された文書であり、ある裁判官の紋章です。写真 21 は、同じくプラート市の歴史文書館に保存されている 1330 年の市の法令集です。罪人への刑罰を規定する部分の文書であり、檻の中にいる有罪判決を受けた男の絵が描かれていますが、コムーネ（市町村）が裁判を執行する場所でもあったためです。写真 22 は、フィレンツェ近郊のフィエーゾレ市の歴史文書館の 19 世紀の文書です。このように歴史文書館には、異なる時代の文書が幅広く保管されていることがわかります。写真 23 は、マリアーノ市の歴史文書館の 20 世紀の文書です。市のアーカイブズには、国勢調査のデータである出生、死亡、結婚等の市民の歴史の記録があります。写真 24 は、イタリア南部のサレルノ市の歴史文書館になりますが、これは 18 世紀の建造物です。写真 25 は、イタリア北部のボルツァーノ市の歴史文書館です。

　最後になりますが、写真 26 は記憶媒体のイメージです。今日においては、長期保存に関する課題を抱えながらも、コムーネ（市町村）など地方公共団体における文書作成は電子化されています。この大規模な電子文書を保存する新システムの導入により、国家や州、その他の機関は、スペース不足のため国立文書館や個々の文書館にて収蔵が不可能な文書を電子保存できる共同アーカイブズの中核を設置しようと長期にわたり試みています。

壊れやすい遺産

　地方公共団体のアーカイブズ遺産は、非常に壊れやすい遺産です。なぜなら、地域内に分散して存在しているため、被害に遭いやすく、自然災害にさらされる危険が大いにあるからです。これに加えて、経済危機により多くのコムーネ（市町村）が文書の保存に対して投資をしなかったことにより、保護活動に十分に注意が払われないという結果に陥りました。また、残念なが

ら2009年から2016年にかけて、イタリアで発生した洪水や地震は、これら
の遺産に深刻な影響を与えました。写真27は、ラクイラ地震後の様子です。
写真28は、トスカーナ州のアウッラ洪水で、津波のようなマグラ川の氾濫
で被害を受けたアウッラ市の歴史文書館の様子です。写真29は、文書保護
局の職員が文書の復旧作業をしている様子です。写真30は、エミリア・ロ
マーニ州で起こった地震後の様子です。写真にあるのは、文書が保存されて
いたサンタゴスティーノ市の歴史文書館です。

ASTプロジェクト（トスカーナ州内の歴史文書館）

　トスカーナ州ではここ30年間、コムーネ（市町村）のアーカイブズのた
めに多くの事業が行われ、まだコンピューターが普及されていない時代か
ら、とりわけ総合目録の整理や作成が行われてきました。それにより多く
のコムーネ（市町村）のアーカイブズが目録化され、刊行されました。近
年、これら紙媒体の目録がweb上で普及し、閲覧が可能となるよう目録を
電子化するプロジェクトが実施されています。これはトスカーナ州の補助金
プロジェクトであり、「トスカーナ州の市立歴史文書館における目録の復旧
と普及 Recupero e diffusione degli inventari degli archivi storici comunali toscani
(AST)」と呼ばれています。webサイト上のデータベースより検索、照会が
可能です（写真31）。

社会福祉団体のアーカイブズ

　ここまで地域公共団体の文書について見てきましたが、次に見ていく保
健、衛生、医療、福祉に携わる機関は、ある一定の地域に限定せず活動する
社会福祉団体です。これらの団体の文書は、文書保護局による厳重な保護を
受けています。それは医療機関（病院、クリニック）の文書だけでなく、カ
トリック関連および民間が担うボランティア、慈善事業団体の文書にも綿密
に及んでいます。文書は、中世から今日に至るものまであり、多面的な内容

のものです。ゆえに、これらの機関は、今日においても非常に豊かな記録の
遺産を保存しています。

　実際に保存されている文書の例をいくつか見ていきます。写真 32 は、
フィレンツェのミセリコルディアの会員の名前が書かれている文書です。ミ
セリコルディアは、イタリア最古のフィレンツェのボランティア団体のひと
つであり、病人の介護、死者の埋葬、感染症への対応などを目的に活動して
いました。一番上にロレンツォ・イル・マニーフィコ（ロレンツォ・ディ・
メディチ）の名前が書かれています。このフィレンツェのミセリコルディア
のアーカイブズに保存されている文書の中に、流行していたペスト（黒死
病）がついに終焉したと記されています。1522 年の記録です（写真 33）。写
真 34 は、同じくミセリコルディアの 18 世紀の記録です。文書庫の鍵が描か
れており、責任者に与えられた鍵の絵です。写真 35 は、フィレンツェのも
う一つ別の重要な機関である、インノチェンティ病院の記録です。15 世紀
に設立された養育院であり、預けられた子や孤児の受入れと支援活動を目的
としていました。そして、この機関は現在においても教育的、文化的機能の
役割を果たしています。写真は、20 世紀初頭の乳母と子供たちの様子です。
また、預けられた子が授乳のために乳母に委ねられたという養育院の記録
簿を通して、児童たちへの支援活動は、15 世紀から続けられていたことが
アーカイブズに残っています（写真 36）。子供たちは、私生児として生まれ
たり、または家族が養育困難な状況の場合に養育院へ預けられていました。
彼らは「捨て子」とも呼ばれていましたが、匿名で病院のドアの「回転式受
付口」に置かれました。しかし多くの場合、母親や両親は、将来わが子を再
び引き取りたい、または引き取ることができる日が来るときに備えて、自分
の子がわかる手がかりとして、小さな品（半分に割られた硬貨、メモ、聖画
やメダイなど）を子に残しました（写真 37）。写真 38 も同種のものですが、
たとえ紙媒体でなくても、これらの「しるし」は、正当な記録と見なすこと
ができます。なぜなら、わが子を養育院に託さなければならなかった親たち

の愛情と共に絶望の記憶をも伝承しているからです。

文化教育機関のアーカイブズ

　文書保護局の保護の対象となる別の分野のアーカイブズは、学校、大学、文化研究機関、財団などの文化教育機関のアーカイブズです。こうしたアーカイブズは、イタリアの文化的、社会的歴史を理解していく上で非常に重要です。 そして、この中には、文化、科学、政治の分野で活躍した文化人の数多くのアーカイブズも含まれています。

人物アーカイブズ

　人物アーカイブズとは、トスカーナ州の補助金の交付を受け、立ち上げが可能となったトスカーナの特殊なアーカイブズのプロジェクトです。非常に綿密な所在調査を通して、大学、図書館、個人が管理するアーカイブズを追跡することを可能にしました。この調査プロジェクトは「文化人アーカイブズ Archivi delle personalità della cultura」と呼ばれ、収集されたデータは「文書保護局統一情報システム Sistema Informativo Unificato per le Soprintendenze Archivistiche（SIUSA）」のデータベースシステムにより管理されています。

　実際にいくつかの文書を見ていきますが、多くはピサ高等師範学校、フィレンツェのヴィユッシュー図書館（Gabinetto Vieusseux）、フィレンツェ大学、シエナ大学など、大学機関や研究機関、個人により管理されています。人物アーカイブズの資料の大部分を検索可能にするコンピュータシステムであり、研究者はまず包括的な情報を検索データベース上で得ることができます。そして次のステップとして、実際に文書が管理されている図書館等で閲覧、研究を深めることができます。

　写真 39 は、フィレンツェのコンティ財団に所蔵されている詩人マリネッティの残した文学運動宣言、未来派宣言の文書です。写真 40 は、現代アーティスト、ルチアーノ・カルーゾのアーカイブズです。彼が残した文書は、

その他の自身の芸術作品や著書と共に保存されており、現在、後継者らに
所有されています。写真 41 は、美術史家ルドヴィーコ・ラッギアンティの
アーカイブズです。ルッカのラッギアンティ財団には、研究のために不可欠
な多数の芸術作品の写真を収録した巨大な写真資料が残されています。写真
42 は、特別な巡り合わせの運命にあったロシアの映画監督アンドレイ・タ
ルコフスキーの文書であり、フィレンツェのかつて住居であった場所に保管
されています。文書のほとんど（日記、手紙、映画作成のための日誌など）
はロシア語で書かれていますが、彼と親しく交流のあった映画監督、黒澤明
氏から届いた日本語の手紙も保存されています（写真 43）。これらは映画制
作の分野における 70 年代の文化を知ることを可能にするため、非常に貴重
であり、重要な文書です。また、タルコフスキーの文書についての展覧会も
文書保護局にて開催されました（写真 44）。1986 年のタルコフスキー作の最
後の映画『サクリファイス』（スウェーデン語題 Offret）の中で、この木の
イメージは象徴的な意味を帯びています（写真 45）。タルコフスキー自身が、
これを「日本の木」と呼んでいました。なぜなら、枯れた木に新しい葉が芽
を出すまで、3 年の間、水をやり続けたという日本の僧侶の話からインスピ
レーションを受けたためでした。

人物アーカイブズ─パスコリのプロジェクト

　もう一つ別の人物アーカイブズを紹介します。ジョヴァンニ・パスコリの
アーカイブズで、われわれが実施した人物アーカイブズプロジェクトの中で
最も完全で実験的なものです。パスコリは、19 世紀末から 20 世紀初頭の詩
人です（1855 年 - 1912 年）。象徴主義の詩人であり、イタリア最大の詩人
の一人です。パスコリのアーカイブズは、今日もトスカーナの山中にある自
宅に保存されています。現在、このパスコリ邸は博物館になっており、文書
庫だけでなく詩人の図書館も保存されています（写真 46）。

ポータルサイト― Giovanni Pascoli nello specchio delle sue carte

　2012 年、ジョヴァンニ・パスコリの没後 100 周年を迎えたため、われわれは詩人の邸宅、図書館、そして文書庫を統合するプロジェクトに取り組みました。「文書に映るジョヴァンニ・パスコリ Giovanni Pascoli nello specchio delle sue carte」というタイトルのポータルサイトを構築するプロジェクトであり、詩人の文書を電子化し、公開しました。このアーカイブズは、パスコリの自筆の詩や文学作品、家族や友人との手紙などの文書の他に、約 1 万 6,000 点の写真、および約 6,000 件の詩人にまつわる新聞の切り抜きのコレクションなど、併せて約 6 万 1,000 件の文書で構成されています。

　例えば写真 47 は、非常に傷つきやすい紙に、細かな文字で書かれたパスコリの自筆の詩です。これらは電子化されることにより、読みやすくもなります。この詩は、パスコリ邸の近くに住んでいた子供、バレンティーノに捧げられたものです。写真 48 は、パスコリ自身が撮影したヴァレンティーノの写真です。以下、これから見ていく画像を通して、プロジェクトがどのようにパスコリ邸に保存されている文書と書籍、家財道具などの遺品との関係を強調していこうとしたかを見ることができます。

　写真 49 は、同居していた妹マリアに捧げられた詩です。パスコリ邸に展示されている彼女の帽子の隣に並べて展示されています（写真 50）。写真 51 は、パスコリが家に捧げた詩であり、写真 52 は、邸宅の入口です。写真 53 は、台所用品に捧げた詩です。写真 54 は、パスコリ邸のキッチンであり、写真に見られるように台所用品も残されています。写真 55 は、邸宅前のブドウ畑で採れたブドウから作られたワインです。写真 56 は、ワインに捧げた詩です。写真 57 は、パスコリが詩を書いた机と筆記用具です。写真 58 は、パスコリの撮った写真とコダックのカメラです。写真 59 は、パスコリ邸から見えるバルガの町の眺めです。写真 60 もパスコリの自筆の詩です。写真 61 は、パスコリのポータルサイトです。インターネット上のバーチャルスペースであり、以上のパスコリのアーカイブズをそれぞれ関連づけなが

ら、さまざまな形で検索できます。

　最後に、写真 62 はパスコリが詩に捧げた詩です。彼はこの詩の中で、詩は灯りのようなものだ、と描いています。写真 63 は、パスコリの書斎がランプによって照らされている写真です。このような物や文書との相関性は、それらが「統合文化財」を意味することを明確に示しており、保存の必要性があるものと考えられています。

トスカーナの音楽関連アーカイブズ

　次に、われわれが総合的な管理を目指して活動している文化財のもう一つ別の例を見ていきます。それは音楽関連のアーカイブズです。文書保護局は、まずアーカイブズの所在調査を行い、情報を集めることから始めます。収集されたすべての情報は、統合された音楽関連アーカイブズとして、ポータルサイト「全国アーカイブシステム Sistema Archivistico Nazionale (SAN)」に管理されます。したがって、この所在調査から多数の文書が浮上してきます。

　この中で、最も重要で有名なものは、ジャコモ・プッチーニのアーカイブズです。プッチーニに言及する記録の遺産は、さまざまな音楽関連機関や個人によって所有にされていることから散在していて、とても複雑です。

　いくつかの例を見ていきますが、交響的前奏曲イ長調の総譜（写真 64）、手紙（写真 65）、家系樹（写真 66）、アルゼンチンのプッチーニの熱烈な支持者から贈られた名誉ディプロマ（写真 67）、『ラ・ボエーム La Bohème』初演について語られている妻エルヴィーラへ宛てた手紙（写真 68、69）、妻に宛てられたもうひとつの手紙（写真 70）、狩りに行っていた湖でのプッチーニを描いた版画（写真 71）、プッチーニ作品の舞台デザイン（写真 72、73）、湖でのプッチーニの写真（写真 74）、義理の姉妹に捧げたプッチーニの肖像（写真 75）、1907 年にルッカで上演された『蝶々夫人 Madama Butterfly』の初演のポスター（写真 76）などです。タイトルの下に「日本

の悲劇」という記載も見られます。その他、楽曲の下書き（写真77）、手紙（写真78）、写真（写真79、80）などが残されています。これらはプッチーニの記憶を伝承する大切な遺産です。しかしながら、さまざまな場所に保存されているため、研究者が文書に簡単にアクセスできるよう文書保護局が所在調査を行い、これらの文書すべてを管理・保護していくことはとても重要です。

農業と地域―農場アーカイブズ

　これまでとは全く異なるテーマに移りますが、農業用地の耕作に関連するアーカイブズについて話を進めていきます。それはまた、田園景観の形成でもあり、農産物の生産も意味するため、地域の歴史と考えられます。ゆえに、トスカーナで実施されたもう一つの所在調査は、農場アーカイブズに関するものでした。調査は県単位でグロッセート、シエナ、フィレンツェから始まり、現在アレッツォで調査が行われています。

　写真81は、ある農場で文書がどのように保存されているかが見て取れます。次の例は、1966年に洪水の被害を受けた農場です。バルディーニ・リーブリ家一族の文書であり、2006年に文書保護局の職員によって、屋敷の中に長期間放置されていた一族の文書約3,000点が発見されました（写真82）。写真83は、1996年の洪水に襲われたフィレンツェにあるバルディーニ・リーブリ宮のその当時の文書の様子です。被害を受けた文書は、修復された後、整理され、修復された邸宅に戻されています（写真84）。

　農場のアーカイブズは、トスカーナの田園地方に点在する家屋、ヴィッラ（別荘）、または貴族の宮殿などに存在しています。写真85は、トスカーナの典型的な田園風景です。これらの美しい景観は守られていかなければなりません。

田園地方のアーカイブズと街中のアーカイブズ─プライベート邸宅に存在する一族アーカイブズ

　田園地方の家屋やヴィッラ（別荘）には、個人のアーカイブズ、重要な一族のアーカイブズが保存されていることが多く、彼らは同時に街中にも宮殿を所有しています。そして、しばしばアーカイブズが都市から田園地方へ移動される事例もあります。

　例えば写真 86 は、フィレンツェの貴族の館、コルシーニ宮であり、2014年の夏までコルシーニ家一族のアーカイブズが保存されていました。写真 87 に見られるように、立派な文書室ですが、書架が非常に高くなっていて、このような所蔵状況は閲覧に適した環境ではなく、保存も非常に困難でした。したがって、現在コルシーニ家一族の後継者が住んでいる田園地方のヴィッラ（別荘）に移動させました。ここの農場では、ワインとオリーブオイルも作られています（写真 88）。写真 89 は、アーカイブズの移動段階の作業の様子です。写真 90 から 92 は、アーカイブズが移転先の所定の位置に収まっていく様子（空の書棚、文書が収まった書棚）です。また、写真 93 に写っている空中の鷲は、保護の象徴のイメージのように見えます。

　その他の一族アーカイブズの例を続けて見ていきますが、写真 94 は歴史家グイッチャルディーニの文書室です。写真 95 は、フィレンツェのニッコリーニ侯爵の文書室です。写真 96 は、専門員による文書の清掃作業の様子です。写真 97 は、バルディ家一族の文書室です。写真 98 は、マッツェイ伯爵の図書と文書室です。写真 99 は、ヴェッルーティ・ザーティ家一族の現在の文書室です。写真 100 は、それ以前の文書の保存状況です。写真 101 は、リッチ・パラッチャーニ家一族の文書室です。

　こういった一族のアーカイブズには何が含まれているのかというと、広げられた羊皮紙文書（写真 102）や、丸められた状態で保存されている羊皮紙文書（写真 103）など、実は非常に古くて貴重な文書が収められています。そして、資産台帳や会計帳簿などは、非常に分厚いフォーマットでした（写

真 104）。写真 105 には、コルシーニ家一族の後継者のジョルジャーナ・コルシーニが、祖先の大きくて分厚いアーカイブズ資料と共に写っています。そして、一族アーカイブズの中には多数の書簡も存在します（写真 106）。または、農場の地図（写真 107、108）、邸宅の絵（写真 109、110）などです。

企業アーカイブズの保護

　最後にご紹介する文書は、企業アーカイブズです。1960 年代まで、文書保護局は企業のアーカイブズを取り扱っていませんでしたが、1970 年代後半から企業アーカイブズにも対応し始めました。そして、この場合にも所在調査が行われました。トスカーナ州においては、1982 年に第一回調査の報告書が刊行されています（写真 111）。社会的および経済的変化を遂げてきた生産活動や企業の歴史は、社会の歴史の重要な一部分です。われわれは企業のアーカイブズを適切に保護していかなければ、こうした歴史について語ることはできません。

　しかしながら、多くの場合、企業は自身のアーカイブズの保存について十分な注意を払っておらず、写真 112 は、企業アーカイブズの典型的な整理される前の状態です。

鉱山アーカイブズ

　トスカーナ州における企業アーカイブズの中で注目したい例は、鉱山、鉱員の仕事、採掘に関するアーカイブズです。なぜなら、この地方は鉱物が非常に豊富であり、古くから鉱山として栄えていたためでした。写真 113 は、シエーレ鉱山の入口です。写真 114 は、アミアータの鉱山の管理事務所で、文書もここに保存されていました。

　われわれ文書保護局は、鉱員に関して特別な作業を行いました。それは、年老いた鉱員たちにインタビューを行い、彼らの経験を語ってもらうという

もので、鉱員らのオーラルヒストリーは、写真 115 の web サイトにてオンラインで公開されています。

　また、トスカーナ地方の鉱山アーカイブズはすべて、ニッチョレータ旧鉱山の文書センターに集められています（写真 116）。そこは、第二次世界大戦中に大虐殺が起こった場所であり、鉱員のすべてが銃殺されました。したがって、檜山教授がご研究されている戦争記念碑的な意味を持っています。

　写真 117 は、化粧品の原料となるホウ素やタルクを鉱物から生産していた企業の文書です。写真 118 は、製紙工場の文書です。写真 119 は、カッラーラの採石場から大理石が採取されている様子です。写真 120 は、トスカーナ特有のガラス製品のカタログです。写真 121 は、フィレンツェ商工会議所の文書であり、文書保護局が行う文書の所在調査のために重要な基本情報を提供してくれるものです。写真 122 は、すでに倒産していますが、チョコレート会社の文書であり、文書保護局の所在調査により発見されたものです。現在、われわれ文書保護局が行っている所在調査は、有名なフィレンツェの麦わら帽子産業に関連するわらの製織業のアーカイブズです（写真 123）。そして、文書保護局は、フェラーラ大学建築学科と共同し、別のアーカイブズ調査・保護も行っています。ヴォルテッラ地域のアラバスタの工芸品を製造していた職人の協同組合のアーカイブズについてです（写真 124、125、126）。このアーカイブズが、なぜ他の企業アーカイブズ同様に重要なのかというと、商業上の文書だけでなく（写真 127）、デザイン画など芸術性に富んだ文書（写真 128）や、物のアーカイブズ、つまり工芸品そのものが残されているためです。写真 129 は、下絵とデザインプランです。写真 130 は、作品や試作モデルで作ったカタログです。また、文書保護局は、石膏でできた試作モデルを物のアーカイブズとしてカタログ化しました（写真 131）。

情報提供システム

　最後に、情報提供システムについてお話していきます。文書保護局は、

「最重要歴史的価値宣言」を発する権限を持ち、私的アーカイブズの保護、管理、修復作業を行い、それらを保存していきます。そのために所在調査を介して、情報を収集していきます。これらの集められた情報は、一体どこで管理されているのかというと、「全国アーカイブシステム Sistema Archivistico Nazionale（SAN）」などの国立のアーカイブ関連情報システムに管理されています。もしくは、「文書保護局統一情報システム Sistema Informativo Unificato per le Soprintendenze Archivistihe（SIUSA）」に管理されています。写真 132 は、SIUSA のホームページです。

　また、写真 133 はトスカーナ文書保護局の web サイトです。近年、再編成が行われ、2016 年以降、文書保護局は保護の権限を図書館にも拡大しているため、トスカーナ文書・図書保護局（Soprintendenza Archivistica e Bibliografica della Toscana）と呼ばれています。同サイトでは、トスカーナで起こるすべての関連ニュースを常に掲載しています。写真 134 は、ポータルサイト「トスカーナのアーカイブズ Archivi in Toscana」です。このポータルサイトは、文書保護局とトスカーナ州政府が共同で作成したものです。利用者が容易にアクセスできるシステムであり、今日皆様にお話しした基本的な情報だけでなく、アーカイブズに親しむための楽しい要素も詰まっています。

むすびに

　すでに社会科学研究所の先生方にはご来館頂きましたが、皆様がフィレンツェにいらっしゃる際には、是非われわれの文書保護局にお立ち寄りください。

　本日の発表を終えるにあたりまして、イタリア人アーティスト、マリア・ライの芸術作品を最後にご紹介したいと思います。写真 135 は、針と糸で縫い付けられた『拘束された言葉 Parole imprigionate』と題された作品です。今後もアーキビストたちの活動によって、拘束された言葉に喩えることがで

きるように、アーカイブズの入り組んだ情報を解放できることを願っています。写真 136 の開かれた鞄のイメージのように、アーカイブズが自由で人々に開かれたものとなり、利用者が過去の記憶や哀愁、人間の本質を再び見つけることができるよう、伝承していけますように。

　本日はご清聴頂きましてありがとうございました。

Gli archivi italiani e l'azione delle Soprintendenze Archivistiche

Buonasera, innanzitutto porgo il mio saluto a tutti voi. Vi ringrazio di essere presenti e spero che il mio intervento incontrerà il vostro interesse. Permettetemi, prima di cominciare, di ringraziare l'università di Chukyo, in particolare il professor Hiyama per l'invito, la dottoressa Higashiyama e il dottor Yugami per la traduzione.

Prima di tutto bisogna premettere che gli archivi italiani costituiscono un grande patrimonio. L'Italia possiede infatti un patrimonio archivistico molto ricco e soprattutto molto disseminato, quindi anche frazionato, che necessita di grande attenzione e cura, sia sotto il profilo della conservazione che della tutela e della valorizzazione. Questi termini, "conservazione", "tutela" e "valorizzazione", sono molto importanti, ma non bisogna dimenticare che il patrimonio culturale è un insieme complesso, fatto di archivi, ma anche di biblioteche e di musei: questa grande ricchezza costituisce il patrimonio storico documentale e culturale della nazione che è protetto proprio da un articolo della Costituzione italiana: l'articolo 9.

Ora vi mostrerò alcune immagini per portare degli esempi di come spesso archivi e opere d'arte si richiamino tra di loro e costituiscano un insieme inscindibile. Per questo anche la nozione giuridica di "bene culturale" è considerata una nozione complessa.

La figura 1 è un particolare del quadro di Sandro Botticelli, "La madonna del Magnificat", in cui è rappresentato un documento d'archivio, un codice scritto. La seconda immagine invece è un archivio familiare, l'archivio della famiglia Ginori, che si trova a Firenze (fig.2). La figura 3 è un codice del XIV secolo che si trova presso l'archivio di Stato di Lucca: le "Cronache" di Giovanni Sercambi, contenenti il racconto degli eventi accaduti in Toscana in quel tempo, narrati anche con il supporto di illustrazioni molto vivaci. L'immagine seguente rappresenta le tavole di Biccherna, cioè delle tavolette in legno dipinto che costituivano le copertine dei documenti archivistici del Comune di Siena (fig.4). La prossima immagine è un manoscritto di Leonardo Da Vinci, che contiene scrittura e disegni, cosicché aspetto grafico e artistico convivono (fig.5). L'immagine seguente è un manoscritto di Michelangelo contenente le sue rime (fig.6). La figura 7 è una mappa cartografica che rappresenta una parte della mappa della Toscana. L'immagine 8 è il libro sacro su cui giuravano i Priori dell'antico Comune di Firenze, un prezioso documento che si trova nell'Archivio di Stato di Firenze. A seguire la Biblioteca Laurenziana (fig.9). La figura 10 è la veduta di Siena nel XVIII secolo. Queste immagini vogliono solo darvi un'idea di quanto il patrimonio culturale italiano e quello documentario in particolare, sia vario e diversificato.

Conservazione, tutela e valorizzazione: sono queste le tre azioni principali che riguardano il patrimonio culturale. Sono in primo luogo, competenze dello Stato, il quale le esercita attraverso il Ministero per i beni e le attività culturali. Il Ministero a sua volta opera sul territorio nazionale attraverso istituti periferici: archivi, biblioteche, musei, soprintendenze. Con lo Stato collaborano non solo le Regioni e gli organi pubblici periferici (come i Comuni) ma anche soggetti privati. Ecco il sito web del Ministero per i beni e le attività culturali (fig.11).

Per quanto riguarda gli archivi, tre sono le funzioni principali su cui ora ritorneremo più nel dettaglio. Prima di tutto la funzione di conservazione, in particolare degli archivi dello Stato attuale e dei diversi Stati precedenti l'Unità d'Italia. In secondo luogo la funzione di tutela degli archivi, sia pubblici che privati, prodotti dalla società civile in tutte le sue articolazioni, cioè dagli enti territoriali, dalle istituzioni culturali, dagli enti di culto, dalle famiglie, dalle imprese, eccetera. Infine, la funzione di valorizzazione.

La conservazione è in primo luogo affidata agli Archivi di Stato, che sono presenti in ogni capoluogo di provincia. Che cosa conservano gli Archivi di Stato? Conservano sia le carte degli antichi Stati esistenti in Italia prima dell'Unità, sia gli archivi delle amministrazioni periferiche dello Stato attuale, che vi vengono riversate 30 anni dopo l'esaurimento della pratica. Quindi la missione degli Archivi di Stato è soprattutto quella di conservazione della documentazione pubblica, ma essi accolgono anche moltissima documentazione privata che può essere loro affidata in donazione o in deposito dai privati stessi, oppure può esservi condotta per effetto dell'azione di tutela delle Soprintendenze Archivistiche.

Nella figura 12 troviamo una cartina dell'Italia, con la distribuzione degli Archivi di Stato sul territorio nazionale. I principali archivi sono ospitati in sedi storiche e prestigiose, che ne fanno luoghi suggestivi e pieni di fascino, come si può vedere dalle immagini. Ma ciò può costituire un problema, poiché queste sedi non sono nate come sedi d'archivio, quindi devono essere adeguate ai principi e alle norme di buona conservazione. Il problema è che non sempre è facile applicare tali principi e, allo stesso tempo, salvaguardare la storicità dell'immobile.

Ora mostrerò alcune immagini di archivi di Stato toscani, la maggior parte dei quali collocati in palazzi storici. Un'eccezione è rappresentata dall'Archivio di Stato di Firenze, la cui sede storica, dal 1852 al 1988, si trovava agli Uffizi, mentre la sede attuale è stata costruita appositamente negli anni Settanta dopo l'alluvione del 1966; il trasferimento dell'Archivio è avvenuto nel 1988/89 (fig.13). La figura 14 mostra l'Archivio di Stato di Prato, ospitato in un palazzo trecentesco. Segue (fig.15) l'Archivio di Stato di Siena, collocato nello storico Palazzo Piccolomini, dove si trova anche il museo delle Biccherne, le copertine in legno dei libri contabili del Comune di Siena che abbiamo visto all'inizio. La figura 16 raffigura l'archivio di Stato di Lucca, che conserva tutta la storia dell'antico Stato lucchese, rimasto indipendente dal resto della Toscana fino all'Ottocento, al periodo napoleonico.

Usciamo ora dalla Toscana e vediamo alcuni fra i più importanti Archivi di Stato italiani. La figura 17 è l'archivio di Stato di Venezia, nel Palazzo dell'antico convento dei Frari. È uno dei più grandi archivi. Come mostra questa immagine, i depositi antichi hanno molti problemi di altezza, di conservazione dei materiali, di condizionamento e anche di sicurezza per gli addetti ai lavori. Lo stesso si può dire dell'archivio di Stato di Napoli, sicuramente molto affascinante, ma comunque con gli stessi problemi (fig.18). Infine l'archivio di Stato di Roma, nel palazzo berniniano di Sant'Ivo alla Sapienza (fig.19).

Passiamo ora all'azione di tutela, affidata principalmente alle soprintendenze archivistiche, che svolgono questo compito sul territorio di una o più regioni. In totale sono quattordici, situate nei principali capoluoghi di regione.

Quali sono i compiti delle soprintendenze archivistiche? Prima di tutto la tutela e la vigilanza sugli archivi degli enti pubblici non statali, territoriali e non territoriali. Secondo l'ordinamento costituzionale italiano, i Comuni e le Regioni sono gli enti pubblici territoriali preposti al governo del territorio, ma non sono enti statali. Altri soggetti istituzionali, con funzioni specifiche, sono gli Enti pubblici non territoriali. Su tutti questi la Soprintendenza esercita la vigilanza e la tutela. Tutela e vigilanza vengono esercitate dalla Soprintendenza anche sugli archivi e sui singoli documenti di proprietà privata, quindi appartenenti a famiglie, persone, imprese, associazioni o istituzioni di diritto privato. In questo secondo caso, però, questi archivi devono essere dichiarati di interesse culturale con apposito provvedimento della Soprintendenza che, effettuati i controlli e le ispezioni necessari, emette una "dichiarazione di interesse". Quindi, per la normativa italiana ("Codice dei Beni Culturali e del Paesaggio", Decreto Legislativo n. 42/2004) mentre gli archivi pubblici sono beni culturali fin dalla loro nascita, quelli privati devono essere "dichiarati" tali.

Perché è necessaria la tutela? Perché esistono le soprintendenze archivistiche? A monte c'è un concetto di civiltà che si può così sintetizzare: il patrimonio archivistico è di grande importanza per tutti, sia che appartenga al pubblico sia che appartenga al privato, perché tutto insieme, privato e pubblico, forma e compone la memoria della nazione. È dunque necessario che lo Stato, che rappresenta gli interessi del pubblico, si faccia carico di tale funzione e garantisca la tutela del patrimonio, a vantaggio di tutti. Dunque, tutela significa difesa dei diritti dei cittadini, perciò l'interesse pubblico è superiore a quello privato.

La legislazione dell'Italia unita si è interessata molto degli archivi, ma il concetto di tutela e la sua estensione al patrimonio privato è andato a definirsi soprattutto dopo il 1939, quando furono introdotte alcune leggi specifiche che garantivano la tutela dei monumenti, dei paesaggi, delle biblioteche e degli archivi. Tutto questo è stato sancito dalla Costituzione della Repubblica Italiana, promulgata nel 1948, in particolare dall'articolo 9 che recita: "La Repubblica promuove lo sviluppo della cultura e la ricerca scientifica e tecnica, tutela il paesaggio e il patrimonio storico e artistico della nazione". Questo significa che tutela e ricerca sono dunque connesse: non ci può essere tutela culturale senza ricerca, non ci può essere ricerca senza tutela. È da qui che cominciano ad affermarsi due concetti fondamentali. Il primo è che nel paesaggio si manifesta il rapporto tra uomo e natura e quindi va protetto; il secondo è che tutto il patrimonio storico e artistico va a comporre la nozione di bene culturale.

Vediamo ora alcune tipologie di archivi pubblici e privati su cui le soprintendenze archivistiche esercitano la loro opera di tutela, intervenendo anche concretamente per la salvaguardia e la conoscenza di questo patrimonio.

Cominciamo dagli archivi degli enti pubblici territoriali, cioè quegli enti che hanno la funzione di esercitare compiti di amministrazione e governo locale come i Comuni, le Province e le Regioni. Questi enti, che costituiscono l'articolazione amministrativa dell'Italia odierna, sono soprattutto i Comuni, eredi di antiche istituzioni di governo autonomo. Essi formano una rete diffusa capillarmente sul territorio e quindi costituiscono una fonte insostituibile per la memoria politica, amministrativa e sociale che risale in alcuni casi addirittura all'XI secolo, ma che ancor oggi produce documentazione.

Vediamo alcuni esempi di documenti prodotti dai Comuni, da cui si può osservare l'antichità e l'importanza di queste fonti: la figura 20, per esempio, è un documento dell'archivio comunale di Prato e rappresenta lo stemma di un giusdicente del 1291. Sempre nell'archivio comunale di Prato troviamo lo statuto del 1330 (fig.21): in tale rubrica dedicata alle condanne da comminare ai colpevoli, si vede il disegno di un condannato dentro la prigione; i Comuni infatti erano anche luoghi in cui si amministrava la giustizia. L'immagine 22 si riferisce invece all'archivio del Comune di Fiesole, vicino a Firenze: si tratta di materiale ottocentesco, da cui comprendiamo come gli archivi di questi Enti contengano documentazione di epoche molto diverse. Ancora un archivio comunale, Magliano (fig.23): qui siamo nel 1900 e vediamo come gli archivi dei Comuni contengano la storia della popolazione (nascite, morti, matrimoni). Ora usciamo dalla Toscana: siamo nel Sud Italia, a Salerno, e l'ambiente è settecentesco (fig.24). Se invece facciamo un salto nel Nord Italia, vediamo l'archivio comunale di Bolzano (fig.25).

Infine, un'immagine (fig.26) che richiama le memorie digitali: questo per dire come oggi la produzione corrente della documentazione dei Comuni e degli altri Enti pubblici sia ormai su supporti digitali, con i conseguenti problemi di conservazione a lungo termine, attraverso la creazione di nuovi grandi depositi digitali. Insieme a tale formazione, lo Stato, le Regioni ed altri Enti stanno da tempo tentando di costituire dei poli archivistici condivisi, dove conservare il materiale che, per mancanza di spazio, non può essere accolto negli Archivi di Stato o negli archivi dei singoli Enti.

Il patrimonio degli archivi degli enti locali è un patrimonio fragile perché è disperso nel territorio e quindi esposto a danneggiamenti e a calamità naturali. A ciò si aggiunga che la crisi economica ha portato molti Comuni a non investire più sulla conservazione archivistica, e quindi a non curare come sarebbe necessario tutte le pratiche di conservazione. Purtroppo, le alluvioni e i terremoti che si sono verificati in Italia tra il 2009 e il 2016 hanno colpito gravemente proprio questo patrimonio. La figura 27 mostra gli effetti del terremoto dell'Aquila. La figura seguente è relativa a una calamità accaduta in Toscana, l'alluvione ad Aulla (fig.28). Vediamo nell'immagine la condizione in cui abbiamo trovato il suo Archivio, dopo che era stato inondato quasi da uno tsunami che veniva dal fiume Magra. Nell'immagine 29 troviamo i funzionari della Soprintendenza che intervengono per cercare di salvare ciò che era salvabile. La figura 30 mostra la conseguenza del terremoto dell'Emilia Romagna, nel Comune di Sant'Agostino, dove veniva conservato l'Archivio.

Negli ultimi trent'anni in Toscana si è fatto molto per gli archivi dei Comuni, soprattutto per realizzare un'opera di inventariazione generale che è cominciata quando ancora non si usava il computer. Sono stati inventariati molti archivi comunali e gli inventari sono stati poi stampati. Negli ultimi anni è stato attuato un progetto di recupero informatizzato (attraverso marcatura) di questi inventari a stampa per garantirne la diffusione sul web. Si tratta di un progetto finanziato dalla regione Toscana denominato "Recupero e diffusione degli inventari degli archivi storici comunali toscani (AST)" e questo è il sito web su cui si possono consultare e interrogare gli inventari, sotto forma di database (fig.31).

Una tipologia di enti pubblici non territoriali è costituita dagli Enti sanitari e di assistenza alle persone. Sono attentamente tutelati dalla Soprintendenza, per esempio, gli archivi delle istituzioni sanitarie (gli ospedali, le cliniche), ma anche gli archivi delle associazioni di volontariato e di beneficenza, sia religiose che laiche. Questi archivi compongono un panorama multiforme della lunga storia che parte dal Medioevo ed arriva fino ai giorni nostri. Tali enti conservano ancora oggi un ricchissimo patrimonio documentario.

Vediamo alcuni esempi di documenti conservati da tali istituzioni. La figura 32 elenca le matricole, cioè i nomi degli iscritti alla Misericordia di Firenze che è una delle più antiche istituzioni fiorentine, nata per accompagnare i malati, per seppellire i morti, per intervenire in caso di epidemie. Il primo nome indicato in alto è quello di Lorenzo il Magnifico. Segue (fig.33) un documento conservato nell'Archivio della Misericordia di Firenze, dove troviamo la notizia che finalmente è finita la peste. Siamo nel 1522. E in un altro documento (fig.34) è disegnata la chiave dell'Archivio, chiave che viene consegnata al preposto. Nell'immagine 35 vediamo l'attività di un'altra istituzione fiorentina molto importante, l'Ospedale degli Innocenti, che nasce nel XV secolo per accogliere e assistere i bambini abbandonati; ancora oggi svolge una fondamentale funzione formativa e culturale, come mostra l'immagine riferibile ai primi anni del Novecento, con balie e bambini. Nell'immagine seguente (fig.36) troviamo una testimonianza dell'attività di sostegno all'infanzia, svolta fin dal XV secolo, di cui rimane traccia nell'archivio, soprattutto nei registri in cui venivano elencati i bambini abbandonati affidati alle balie per l'allattamento. L'abbandono del bambino poteva verificarsi in caso di nascita illegittima oppure quando una famiglia non poteva nutrire i propri figli. Il bambino abbandonato si diceva anche "esposto", veniva messo nella "ruota" alla porta dell'ospedale in modo anonimo. Spesso però, la madre o i genitori lasciavano sul bambino un piccolo oggetto (una moneta spezzata, un biglietto, un'immagine sacra) per riconoscerlo nel caso avessero in futuro voluto, e potuto, riprenderlo (fig.37, 38). Anche questi "segnali di riconoscimento" si possono considerare veri e propri documenti, anche quando non sono di carta, perché testimoniano l'amore e la disperazione della persona che ha abbandonato il bambino.

Altri archivi sottoposti alla tutela sono gli archivi degli istituti di cultura e d'istruzione, come le scuole, le università, le istituzioni di cultura e di ricerca e le fondazioni. I loro archivi consentono di ricostruire la storia culturale e sociale italiana e, al loro interno, spesso conservano anche le carte di molti archivi di importanti personalità della cultura, della scienza e della politica.

Gli archivi delle personalità sono una particolare tipologia su cui in Toscana abbiamo molto lavorato anche grazie a un finanziamento della Regione. È stato fatto un censimento molto accurato che ha consentito di rintracciare tali archivi nelle università, nelle biblioteche e nelle case private. Il progetto di censimento e descrizione si chiama "Archivi delle personalità della cultura" e i dati raccolti sono stati inseriti nel database SIUSA.

Vediamo alcuni di questi archivi. Molti di essi si trovano raccolti presso Istituzioni universitarie o di ricerca come la Scuola Normale Superiore di Pisa o il Gabinetto Vieusseux di Firenze, l'Università di Firenze e quella di Siena, altri sono ancora presso i privati. Questo è il sistema informatico che consente di consultare gran parte di queste fonti. Esso contiene tutte le informazioni sintetiche che consentono allo studioso di avere una prima informazione per poi approfondire la ricerca nel luogo di conservazione.

Ecco alcuni esempi di tali documenti. L'immagine 39 raffigura il manifesto di un movimento letterario, il Movimento Futurista, ed è conservato presso la fondazione Conti di Firenze. L'immagine 40 invece mostra l'archivio di un artista contemporaneo, Luciano Caruso, le cui carte, di proprietà degli eredi, sono conservate insieme alle sue opere d'arte e ai suoi libri. La figura 41 è l'archivio di uno storico dell'arte, Ludovico Ragghianti, che ha lasciato un'enorme fototeca conservata presso la Fondazione Ragghianti a Lucca e che costituisce uno strumento essenziale per la ricerca. L'immagine 42 è un archivio che ha avuto un destino un po' particolare, l'archivio del regista russo Andrej Tarkovskij, conservato a Firenze nella casa dove il regista abitò. La maggior parte dei documenti (diari, lettere, diari di lavorazione dei film, ecc.) sono in russo, ma ci sono anche alcune lettere in giapponese, come quelle di Akira Kurosawa che era suo amico (fig.43). È un archivio molto particolare e importante perché consente di conoscere la cultura visiva degli anni Settanta in ambito di produzione cinematografica. Su questo autore è stata realizzata una mostra in Soprintendenza (fig.44). L'immagine seguente dell'albero è un riferimento simbolico all'ultimo film di Tarkovskij del 1986 ("Sacrificio", Offret). Tarkovskij stesso lo chiamava "l'albero giapponese" perché ispirato alla storia di un monaco giapponese che innaffia per tre anni un albero secco finché non nascono le foglie (fig.45).

Un altro archivio di personalità che è stato oggetto di uno dei progetti forse più completi e sperimentali è quello di Giovanni Pascoli. Si tratta dell'archivio di un poeta vissuto tra la fine dell'Ottocento e i primi anni del Novecento (1855-1912), un poeta simbolista, uno dei maggiori poeti italiani. Il suo archivio è conservato ancora oggi nella sua casa tra i monti della Toscana. Questa casa è oggi un museo e conserva non solo l'archivio ma anche la biblioteca del poeta (fig.46).

Nel 2012 ricorreva il centenario della morte di Giovanni Pascoli e quindi è stato realizzato un progetto che integrasse casa, biblioteca e archivio, un progetto di digitalizzazione e di costruzione di un portale intitolato "Giovanni Pascoli nello specchio delle sue carte". L'archivio è composto da circa 61.000 documenti, contiene tutta la produzione poetica di Pascoli, le lettere con i familiari e gli amici, circa 1.600 fotografie e una raccolta di circa 6.000 giornali.

Nella figura 47 troviamo la riproduzione di una poesia vergata su carta molto fragile e con una scrittura minuta, ma la digitalizzazione consente anche una facile lettura. La poesia in questione è dedicata a Valentino, un bambino che abitava vicino a Pascoli. L'immagine 48 raffigura Valentino ed è fatta dallo stesso Pascoli. Nelle immagini che seguono si nota come il progetto ha cercato di mettere in risalto la relazione tra i documenti, i libri e gli oggetti della casa.

L'immagine 49 mostra la poesia dedicata alla sorella Maria, che abitava insieme al poeta ed è accostata ai cappelli della sorella, che ancora si trovano nella casa (fig.50). La figura 51 riporta una poesia dedicata alla casa, mentre l'immagine seguente mostra la casa con la sua porta d'ingresso (fig.52). A seguire la poesia dedicata alle stoviglie della cucina (fig.53), e nella figura 54 sono rappresentate le stoviglie di casa Pascoli. Nelle immagini seguenti (fig.55) troviamo il vino che si produceva nella vigna di fronte alla casa, nell'immagine 56 si trova una poesia sul vino. La figura 57 mostra lo scrittoio di Giovanni Pascoli con i suoi oggetti di scrittura. Nella seguente immagine (fig.58) troviamo le sue foto e la Kodak. Infine (fig.59), ciò che si vede dalle finestre della sua casa, di Barga, segue un'altra poesia (fig.60). Il portale "Giovanni Pascoli nello specchio delle sue carte" è il luogo virtuale su internet in cui è stato ricondotto tutte ciò che abbiamo finora mostrato ed è consultabile in modo correlato (fig.61).

Infine, una dedica alla poesia (fig.62). Pascoli dice che la poesia è come una lampada e la figura 63 mostra una foto del suo studio rischiarato da una lampada. Questa correlazione mostra in modo evidente cosa significhi "bene culturale integrato".

Vediamo ora un altro esempio di bene culturale che vorremmo integrare meglio, quello degli archivi della musica. Anche in questo caso la Soprintendenza ha fatto un censimento, in modo da raccogliere informazioni che sono confluite nel portale "Archivi della musica del Sistema Archivistico Nazionale (SAN)". Molti sono gli archivi emersi da tale censimento.

Tra questi, il più importante e sicuramente il più conosciuto è quello di Giacomo Puccini. Il patrimonio documentario riferibile a Puccini è molto frazionato e particolarmente complesso, in quanto appartenente a diverse istituzioni musicali e a soggetti privati.

Vediamo alcuni esempi: la partitura di un preludio sinfonico in La maggiore (fig.64), lettere (fig.65), l'albero genealogico (fig.66), un diploma onorario datogli dai suoi ammiratori argentini (fig.67), una lettera alla moglie, che parla della prima assoluta de "La Bohème" (fig.68, 69), un'altra lettera alla moglie (fig.70), alcune incisioni che rappresentano Puccini sul lago dove andava a caccia (fig.71), disegni degli allestimenti delle sue opere (fig.72, 73), foto che lo rappresentano sul lago (fig.74), il suo ritratto dedicato alla cognata (fig.75), il manifesto per la prima di "Madama Butterfly" ("tragedia giapponese") che viene rappresentata a Lucca nel 1907 e a cui è presente lo stesso Puccini (fig.76), alcuni schizzi di musica (fig.77), altre lettere (fig.78), e alcune foto (fig.79, 80). Come si può vedere, si tratta di un patrimonio molto ricco di ricordi, quindi è importante che la soprintendenza faccia un censimento e tuteli tutta questa documentazione, consentendo l'accesso agli studiosi.

Passiamo ora ad un argomento completamente diverso, quello della coltivazione del suolo, che significa anche cura del paesaggio, produzione di prodotti alimentari e quindi storia. Un altro censimento in Toscana ha riguardato gli archivi delle fattorie. Si è cominciato con le province di Grosseto, Siena e Firenze, ora ci occupiamo di Arezzo.

La figura 81 mostra come viene conservato l'archivio dentro una fattoria. L'immagine 82 è relativa ad una fattoria che era stata alluvionata nel 1966, dove nel 2006 i funzionari della Soprintendenza hanno ritrovato un archivio in stato di abbandono. La figura 83 mostra lo stato in cui si trovava un archivio a Firenze dopo l'alluvione del 1966. Nell'immagine 84 lo troviamo ricondizionato, riordinato, infine riportato nella villa in ambienti ristrutturati.

Gli archivi di fattoria si trovano in case rurali, ville o in palazzi nobiliari sparsi nella campagna Toscana. La figura 85 è un'immagine del paesaggio toscano che fa capire quanto sia importante proteggerlo.

Nelle case o nelle ville di campagna spesso ci sono archivi privati, archivi di famiglie importanti che possiedono anche un palazzo in città. Si assiste talvolta al trasferimento dell'archivio dalla città alla campagna.

Vediamo un esempio: l'immagine 86 raffigura il palazzo Corsini che fino all'estate 2014 conservava l'archivio dei principi Corsini. Nell'immagine 87 è ritratta la scaffalatura dell'archivio in tutta la sua altezza. L'archivio era molto bello, ma molto difficile da conservare e da consultare in queste condizioni. Perciò è stato trasferito in campagna, nella villa dove attualmente risiede il principe Corsini, circondata dai suoi poderi e dove produce il vino e l'olio (fig.88). Nelle immagini seguenti (fig.89-92) si possono vedere alcune fasi del trasferimento con la galleria prima vuota e poi riempita e l'archivio risistemato. L'aquila che vola al di sopra sembra un'immagine simbolica della tutela (fig.93).

Le immagini che seguono si riferiscono ad altri archivi privati: l'Archivio Guicciardini (fig.94), l'Archivio Niccolini (fig.95), su cui è stato effettuato un intervento di pulizia (fig.96), l'Archivio Bardi (fig.97), l'Archivio Mazzei (fig.98), l'Archivio Velluti Zati (fig.99), così come è oggi e come era prima (fig.100), l'Archivio Ricci Parracciani (fig.101).

Che cosa contengono gli archivi familiari? Contengono spesso dei veri e propri tesori anche molto antichi come le pergamene, distese (fig.102) o arrotolate (fig.103). Contengono grandi libri (fig.104), scritture patrimoniali, libri di amministrazione. Nell'immagine 105 si vede come può essere grande e pesante un libro d'archivio: qui è ritratta la principessa Giorgiana Corsini con uno dei libri del suo archivio. Un'altra tipologia documentaria molto presente negli archivi privati è quella delle lettere (fig.106), delle piante (fig.107, 108) e delle mappe dei poderi (fig.109, 110).

L'ultima tipologia di documentazione di cui ci occupiamo è quella degli archivi d'impresa. Tradizionalmente le Soprintendenze non si occupavano, fino agli anni '60, di archivi di impresa. Se ne sono occupati solo a partire dalla fine degli anni '60, ed è stato iniziato, anche in questo caso, un censimento. In Toscana è stato pubblicato nel 1982 un volume che raccoglieva i dati del primo censimento (fig.111). La storia del lavoro e dell'impresa rappresenta una parte importante della storia della società, con le sue trasformazioni sociali ed economiche. Se non si salvaguardassero tali documenti, non sarebbe possibile raccontare questa storia.

Spesso le imprese non curano adeguatamente la conservazione dei propri archivi. La figura 112 è un esempio dello stato in cui spesso versano gli archivi d'impresa.

Una tipologia particolare, soprattutto in Toscana, è quella degli archivi delle miniere, dell'attività dei minatori e dell'estrazione mineraria, ciò perché la Toscana è molto ricca di minerali e per lungo tempo ci sono state miniere in attività. L'immagine 113 mostra l'ingresso di una miniera. L'immagine 114 raffigura la sede degli uffici amministrativi dove era conservato anche l'archivio.

Sui minatori è stata condotta un'operazione particolare: sono state raccolte le interviste, le fonti orali, in cui i minatori ormai tutti molto anziani, raccontavano la loro esperienza. Attualmente tutte le interviste sono consultabili on line (fig.115).

In particolare nella zona della Toscana, gli archivi delle miniere sono stati riuniti in un centro di documentazione a Niccioleta, nello stesso luogo dove è avvenuta una strage durante l'ultima guerra: tutti i minatori sono stati fucilati (fig.116). Anche questa è una forma di commemorazione, lo dico per il professore Hiyama.

Parliamo ancora di attività minerarie e vediamo altre fonti di estrazione, per esempio il boro e il talco, che servivano per la produzione di cosmetici (fig.117). Nell'immagine 118 sono visibili gli archivi di una cartiera. Troviamo di seguito (fig.119, 120) immagini che si riferiscono all'estrazione del marmo dalle montagne e alla produzione del vetro, caratteristica di una zona della Toscana. La figura 121 è relativa all'archivio della Camera di Commercio di Firenze, dal quale attingiamo le informazioni di base per i censimenti. L'immagine 122 rappresenta un'industria di cioccolato che non esiste più, ma i documenti sono stati recuperati proprio grazie a questo censimento. Un'operazione attualmente in corso riguarda l'industria dell'intreccio della paglia per produrre i famosi cappelli di paglia di Firenze (fig.123). Un ulteriore evento in corso concerne la salvaguardia di un archivio di una società di cooperativa che produceva oggetti in alabastro nella zona di Volterra, si tratta di un progetto in collaborazione con l'Università di Ferrara (fig. 124-126). Perché è importante questo archivio così come gli altri archivi d'impresa? Perché ospitano non solo documenti che possiamo definire commerciali (fig.127), ma anche documenti artistici (fig.128) - in questo caso di design - e documenti oggetto, ossia i prodotti. La figura 129 per esempio, è un disegno grafico con il bozzetto, il disegno esecutivo e i cataloghi con i prototipi degli oggetti (fig.130). Sono stati catalogati come oggetti d'archivio anche i prototipi in gesso (fig.131).

Infine, i sistemi informativi. Dove finiscono le informazioni che raccogliamo con i censimenti, e cerchiamo di tutelare attraverso le dichiarazioni, e di conservare attraverso gli interventi di ordinamento e di restauro? Confluiscono in alcuni grandi sistemi informativi nazionali, come il SAN, ma soprattutto nel "Sistema Informativo Unificato per le Soprintendenze Archivistiche (SIUSA)". La figura 132 mostra la homepage di SIUSA.

L'immagine 133 mostra il sito della Soprintendenza Archivistica della Toscana, che dal 2016, per effetto delle recenti riforme, ha preso il nome di Soprintendenza Archivistica e Bibliografica, dal momento che estende le sue competenze di tutela anche alle biblioteche. Sul nostro sito vengono pubblicate costantemente tutte le novità che avvengono in Toscana. Il portale "Archivi in Toscana" (fig.134) nasce dalla collaborazione tra la Soprintendenza Archivistica e la Regione Toscana. Al suo interno, in maniera semplificata e accessibile a tutti, si trovano le informazioni di base a cui abbiamo accennato. Il portale favorisce la familiarizzazione con gli archivi grazie alla piacevolezza dei suoi elementi di consultazione.

In chiusura di questo intervento, un invito a visitare la nostra sede a Firenze, che ha già ospitato la gradita presenza del professore Hiyama e della professoressa Higashiyama. Invito tutti voi a visitarci. Per concludere, un'immagine evocativa: quella di Maria Lai, un'artista italiana che ha creato l'opera in figura 135, cucita con ago e filo e intitolata "Parole imprigionate".

Mi auguro che il nostro lavoro di archivisti possa liberare queste parole imprigionate e formare degli archivi di valigie aperte in cui ciascuno trovi memoria, compassione e umanità (fig.136).

Grazie per l'attenzione.

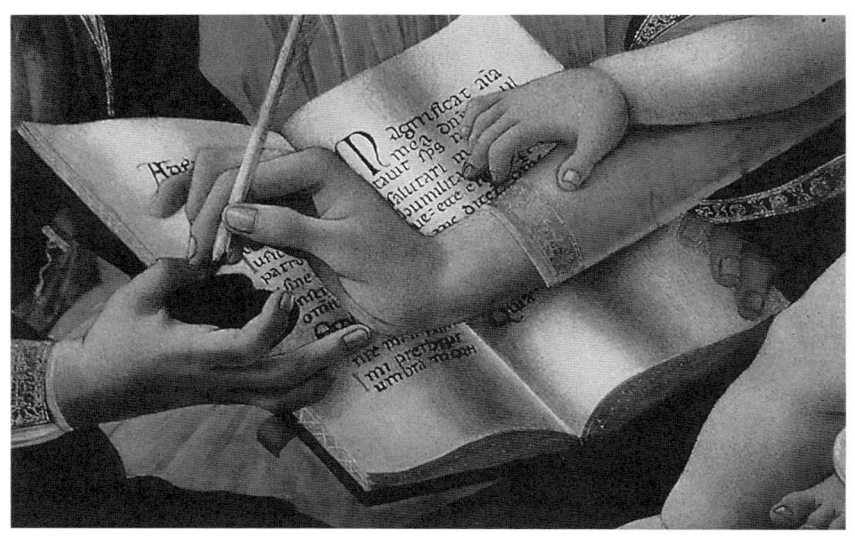

写真1　ボッティチェリ、『マニフィカトの聖母』、ウフィツィ美術館、フィレンツェ
Fig.1　Botticelli, *Madonna del Magnificat* (Uffizi, Firenze)

写真2　ジノーリ家一族の文書庫、フィレンツェ
Fig.2　Archivio della famiglia Ginori, Firenze

写真3　ジョヴァンニ・セルカンビ、年代記、1389年、国立ルッカ文書館
Fig.3　Cronache di Giovanni Sercambi, 1389, Archivio di Stato di Lucca

写真4　ビッケルナ、1320年、国立シエナ文書館
Fig.4　Tavoletta di Biccherna, 1320, Archivio di Stato di Siena

写真5　レオナルド・ダ・ヴィンチ、『トリヴルツィオ手稿』、ミラノ
Fig.5　Leonardo da Vinci, *Codice Trivulziano*, Milano

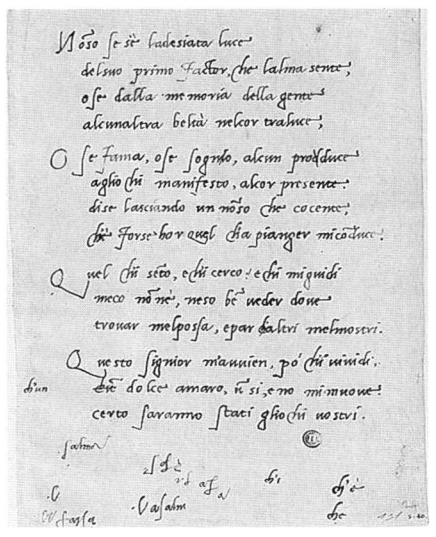

写真6　ミケランジェロ・ブオナローティ、『リーメ』、ブオナローティ邸美術館、フィレンツェ
Fig.6　Michelangelo Buonarroti, *Rime*, Casa Buonarroti, Firenze

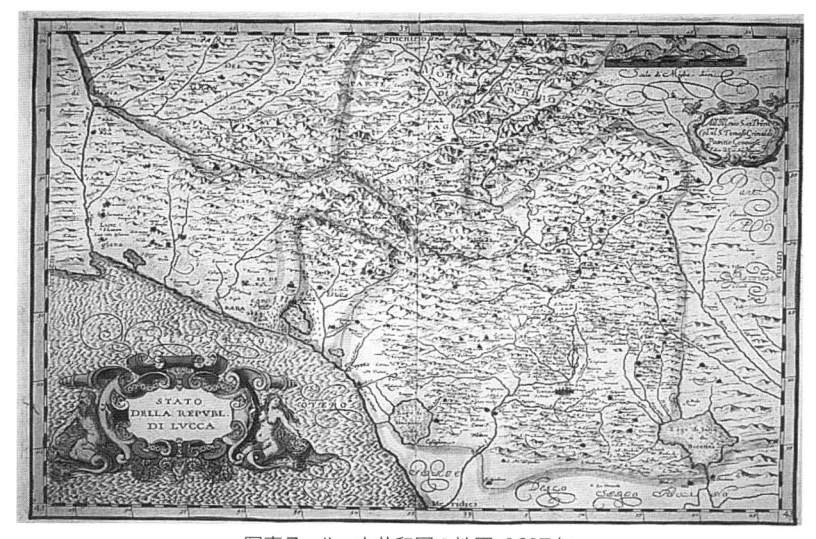

写真7　ルッカ共和国の地図、1617年
Fig.7　Carta dello Stato di Lucca, 1617

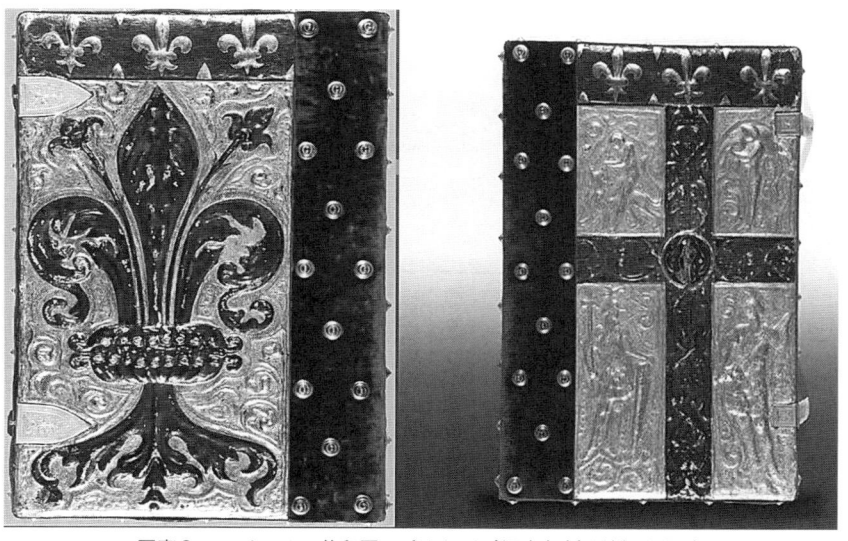

写真8　フィレンツェ共和国のプリオーレ（行政高官）が誓った聖書
Fig.8　Libro sacro su cui giuravano i Priori dell'antico Comune di Firenze

写真9　ラウレンツィアーナ図書館、フィレンツェ、ミケランジェロによる設計
Fig.9　Biblioteca Laurenziana, Firenze (su disegno di Michelangelo)

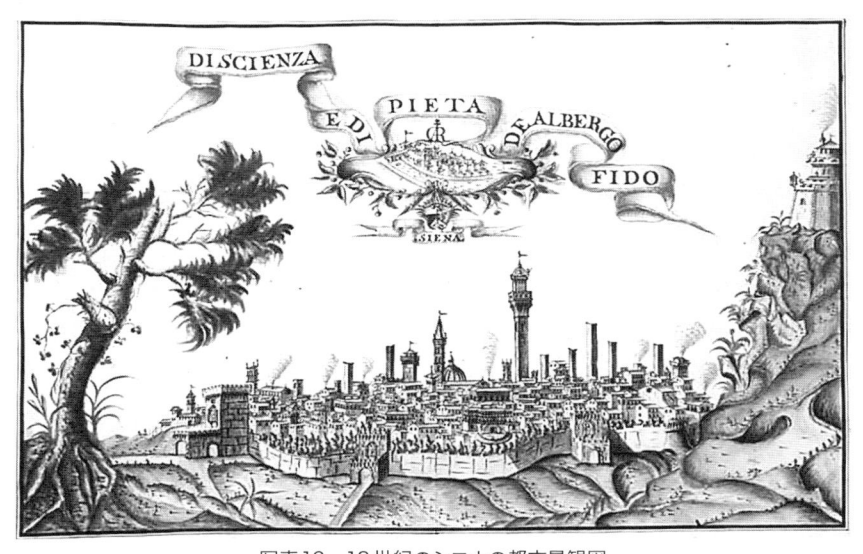

写真10　18世紀のシエナの都市景観図
Fig.10　Veduta della città di Siena, sec. XVIII

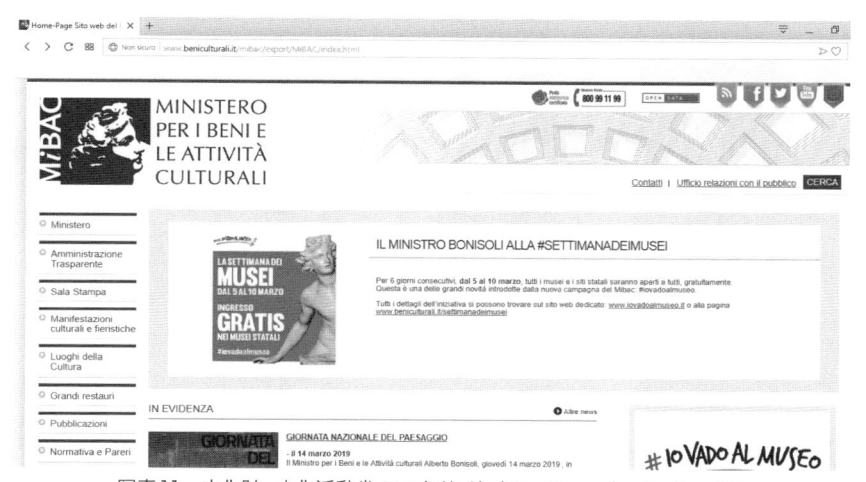

写真11　文化財・文化活動省の web サイト http://www.beniculturali.it

Fig.11　Sito web del Ministero per i beni e le attività culturali

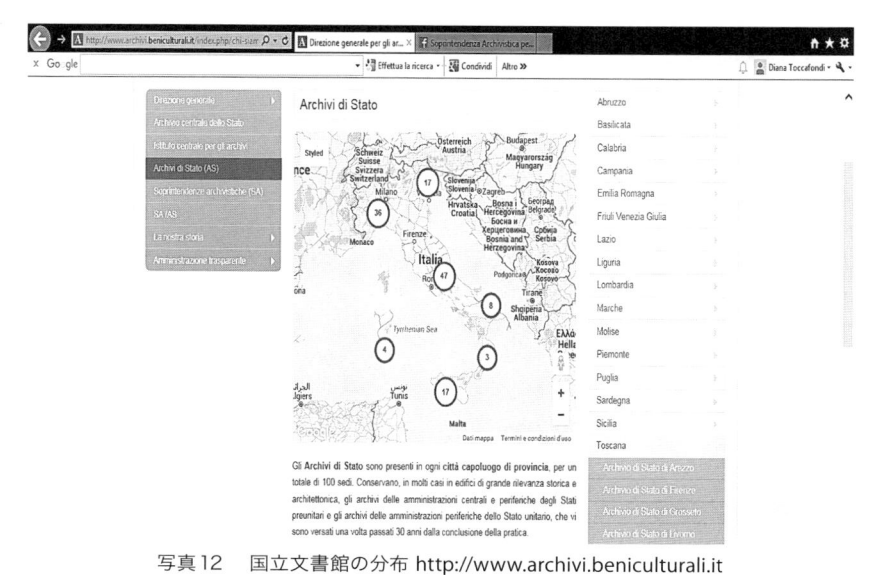

写真12　国立文書館の分布 http://www.archivi.beniculturali.it

Fig.12　Distribuzione degli Archivi di Stato sul territorio nazionale

写真13　国立フィレンツェ文書館
Fig.13　Archivio di Stato di Firenze

写真14　国立プラート文書館
Fig.14　Archivio di Stato di Prato

写真15　国立シエナ文書館
Fig.15　Archivio di Stato di Siena

写真16　国立ルッカ文書館
Fig.16　Archivio di Stato di Lucca

写真17　国立ヴェネツィア文書館
Fig.17　Archivio di Stato di Venezia

写真18　国立ナポリ文書館
Fig.18　Archivio di Stato di Napoli

写真19　国立ローマ文書館
Fig.19　Archivio di Stato di Roma

写真20　プラート市の歴史文書館、紋章、1291年
Fig.20　Archivio Comunale di Prato, stemma, 1291

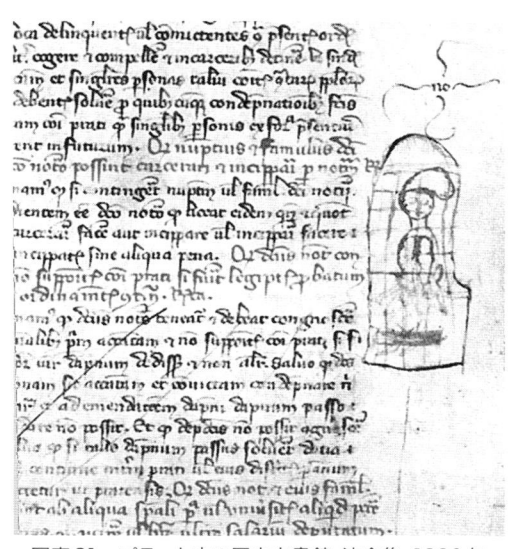

写真21　プラート市の歴史文書館、法令集、1330年
Fig.21　Archivio Comunale di Prato, statuto, 1330

写真22　フィエーゾレ市の歴史文書館
Fig.22　Archivio Comunale di Fiesole

写真23　マリアーノ市の歴史文書館、国勢調査

Fig.23　Archivio Comunale di Magliano, censimenti della popolazione

写真24　サレルノ市の歴史文書館

Fig.24　Archivio Comunale di Salerno

写真25　ボルツァーノ市の歴史文書館
Fig.25　Archivio Comunale di Bolzano

写真26　エミリア・ロマーニャ州の電子アーカイブズ
Fig.26　Archivi Digitali dell'Emilia Romagna

写真27　2009年、ラクイラ地震
Fig.27　2009, terremoto de L'Aquila

写真28　2011年、トスカーナの洪水、アウッラ市の歴史文書館
Fig.28　2011, alluvione in Toscana: Archivio del Comune di Aulla

写真29　2011年、アウッラ洪水、復旧作業
Fig.29　2011, alluvione di Aulla, operazioni di recupero

写真30　2012年、イタリア北部地震、サンタゴスティーノ市の歴史文書館
Fig.30　2012, terremoto in Emilia Romagna: Archivio del comune di S. Agostino

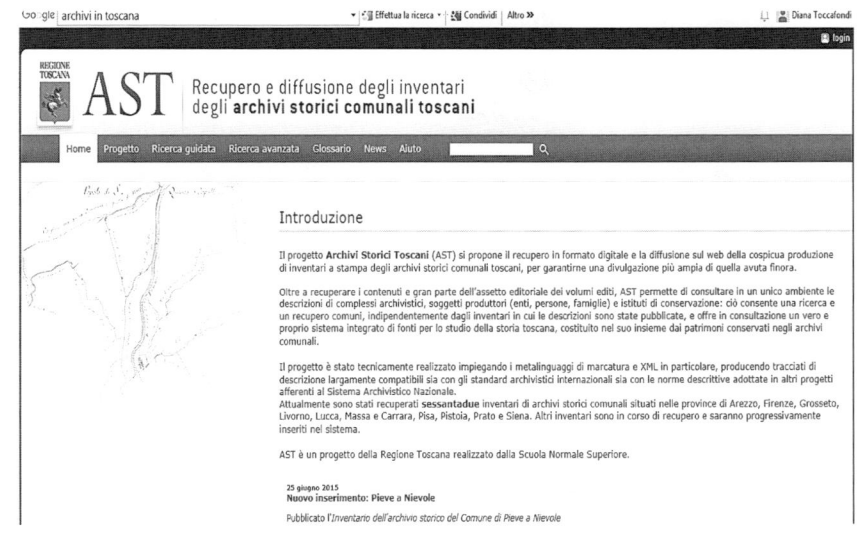

写真 31　AST プロジェクトの web サイト http://ast.sns.it

Fig.31　Sito web del progetto AST

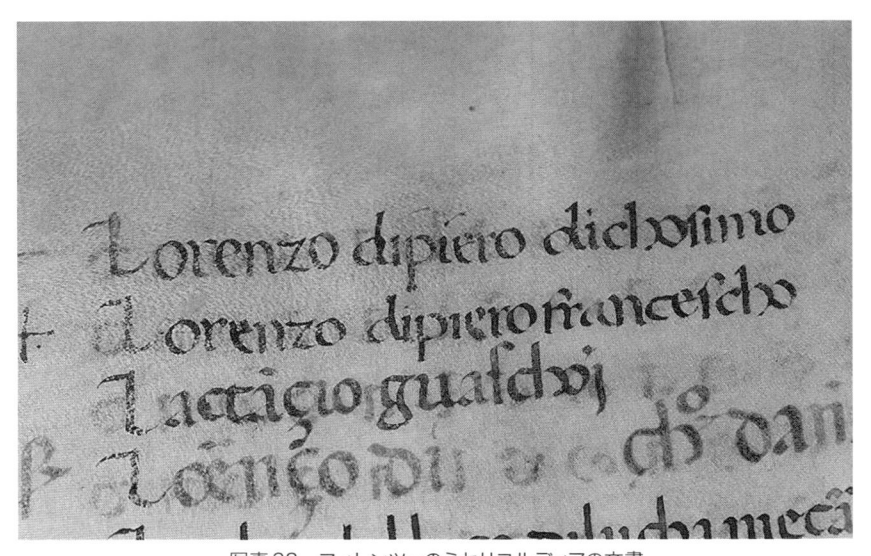

写真 32　フィレンツェのミセリコルディアの文書

Fig.32　Archivio della Misericordia di Firenze

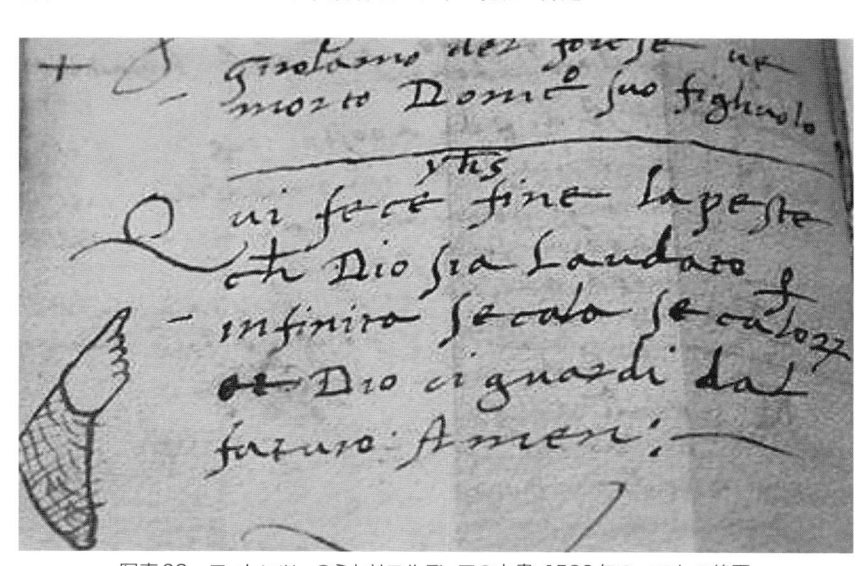

写真33　フィレンツェのミセリコルディアの文書、1522年のペストの終焉

Fig.33　Archivio della Misericordia di Firenze: la fine della peste del 1522

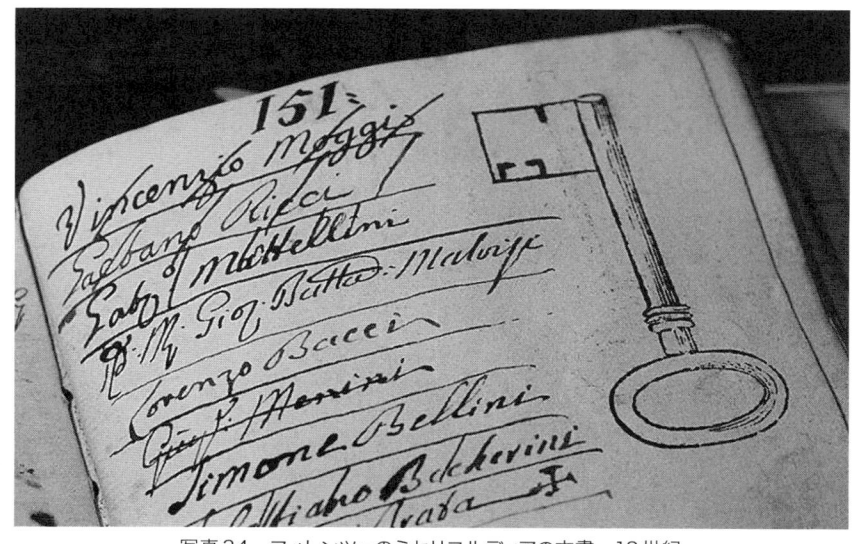

写真34　フィレンツェのミセリコルディアの文書、18世紀

Fig.34　Archivio della Misericordia di Firenze, sec. XVIII

写真35　インノチェンティ病院、乳母と子供たちの写真
Fig.35　Archivio dell'Ospedale degli Innocenti: balie e bambini

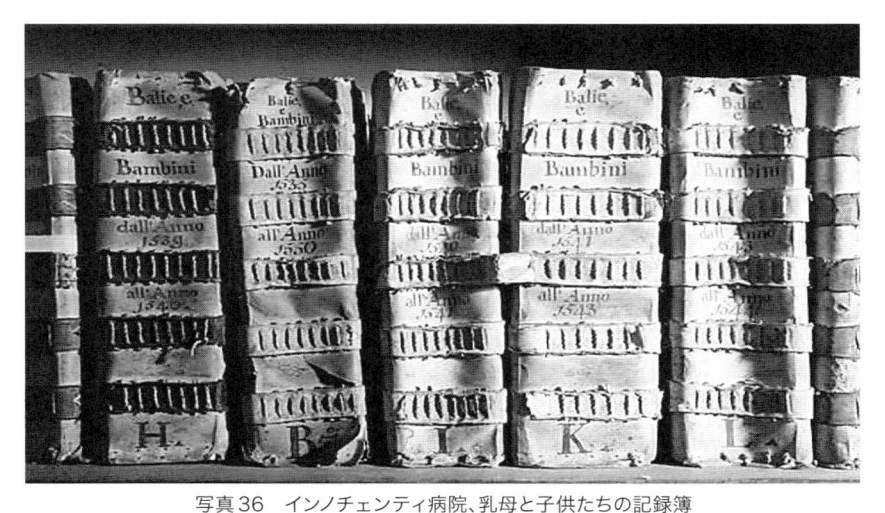

写真36　インノチェンティ病院、乳母と子供たちの記録簿
Fig.36　Archivio dell'Ospedale degli Innocenti: registri di balie e bambini

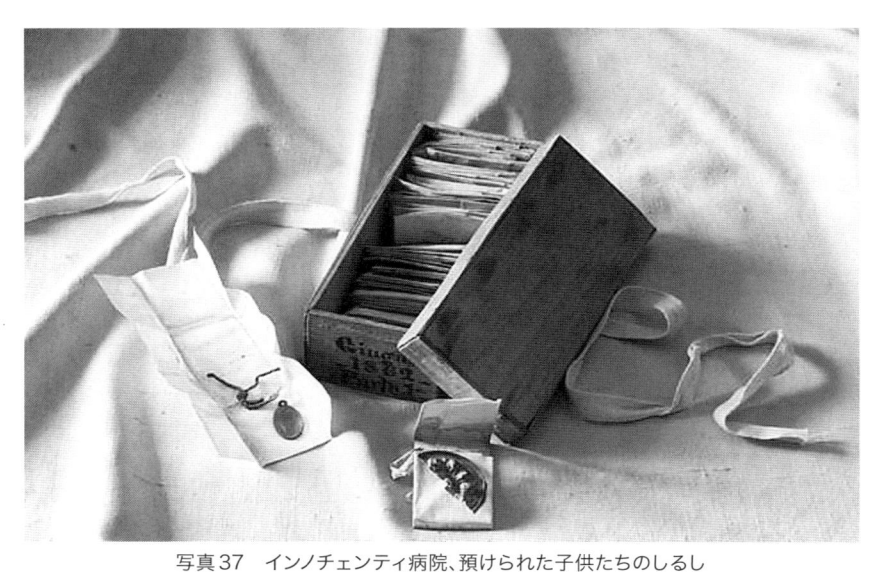

写真37　インノチェンティ病院、預けられた子供たちのしるし
Fig.37　Archivio dell'Ospedale degli Innocenti: segnali dei bambini abbandonati

写真38　市立プラート病院、子供に残された手がかりのしるし
Fig.38　Archivio dell'Ospedale di Prato: segnale di riconoscimento di un bambino

Movimento Futurista

diretto da F. T. MARINETTI

MILANO, Corso Venezia, 61
Telefono 40-81

MARCIARE
NON MARCIRE

写真39　未来派宣言、マリネッティの文書、コンティ財団
Fig.39　Manifesto del Movimento Futurista, Carte Marinetti (Fondazione Conti)

写真40　芸術家ルチアーノ・カルーゾのアーカイブズ
Fig.40　Archivio dell'artista Luciano Caruso

写真41　ラッギアンティ財団の写真資料館、ルッカ

Fig.41　Fototeca della Fondazione Ragghianti (Lucca)

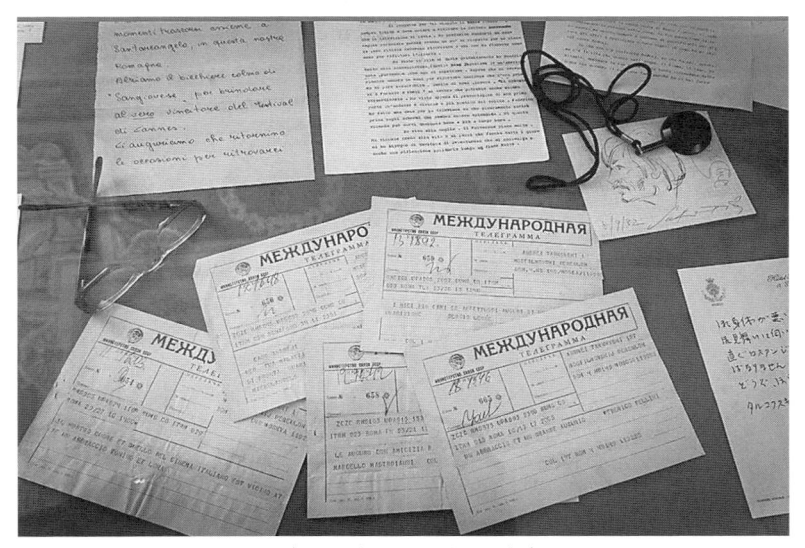

写真42　タルコフスキーの文書

Fig.42　Archivio del regista russo Andrej Tarkovskij

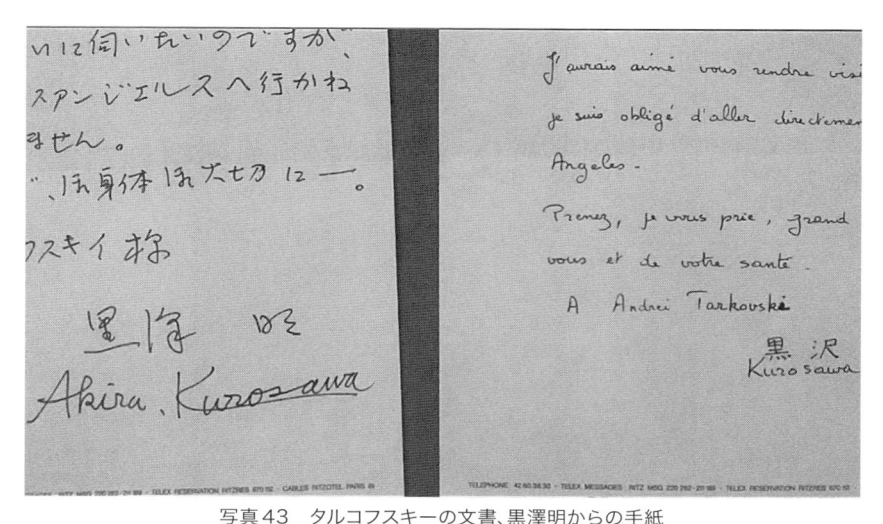

写真43　タルコフスキーの文書、黒澤明からの手紙
Fig.43　Archivio Tarkovskij: lettera di Akira Kurosawa

写真44　タルコフスキーの文書、文書保護局主催の展覧会の模様
Fig.44　Archivio Tarkovskij: mostra in Soprintendenza Archivistica

写真45　映画『サクリファイス』、日本の木
Fig.45　Albero giapponese

写真46　パスコリ邸、カステルヴェッキオ（バルガ）
Fig.46　Casa Pascoli, Castelvecchio (Barga)

Valentino

Oh! Valentino vestito di nuovo
come le brocche dei biancospini!
solo che ai piedi provati dal rovo
porti la pelle de' tuoi piedini;

porti le scarpe che mamma ti fece
che non mutasti mai da quel dì,
che non costarono un picciolo: invece
costa il vestito che ti cucì.

Costa, chè i piccioli tutti ci spese
del tintinnante salvadanaio:
ora esso è vuoto; e cantò più d'un mese,
per riempirlo, tutto il pollaio.

Pensa, a Gennaio, che il fuoco del ciocco
non ti bastava, tremavi, ahimè!
che le galline cantavano, un cocco,
per l'aia, un cocco un cocco per te.

Poi le galline chiocciarono e venne
marzo, e tu, magro contadinello,
restasti a mezzo, così, con le penne
ma nudi i piedi come un uccello; nuovo, ma scalzo

come l'uccello venuto dal mare
che tra il ciliegio salta e non sa
ch'oltre il beccare, il cantare, l'amare
ci sia qualch'altra felicità.

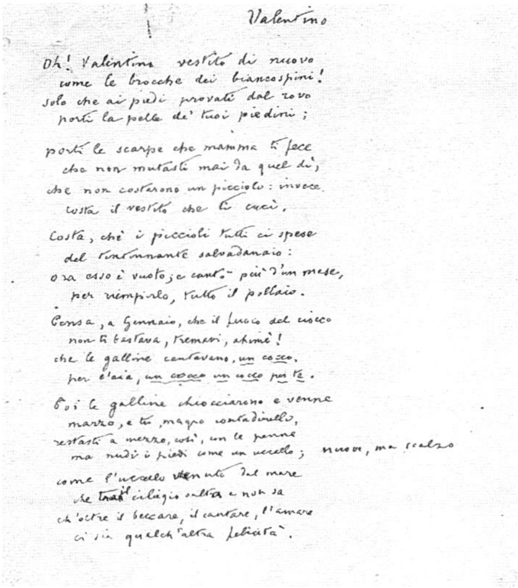

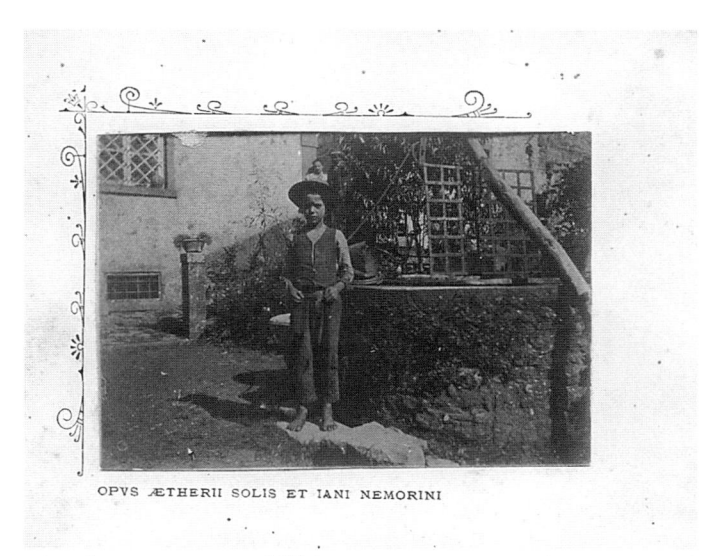

写真47　自筆の詩『ヴァレンティーノ Valentino』

Fig.47　Autografo della poesia “Valentino”

写真48　幼いヴァレンテ・アッリーギ（『ヴァレンティーノ Valentino』）、パスコリ邸の庭で本人が撮影したもの

Fig.48　Il piccolo Valente Arrighi (“Valentino”) fotografato dal Poeta nel giardino di Casa Pascoli

Maria

I

Ti splende sull'umile testa
la sera d'autunno, Maria:
ti vedo sorridere mesta
tra i tocchi d'un avemaria:
Sorride il tuo gracile viso,
nè trova il tuo dolce sorriso
nessuno:

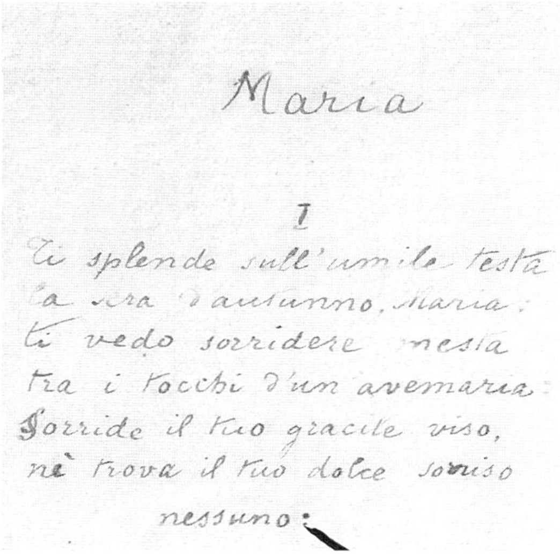

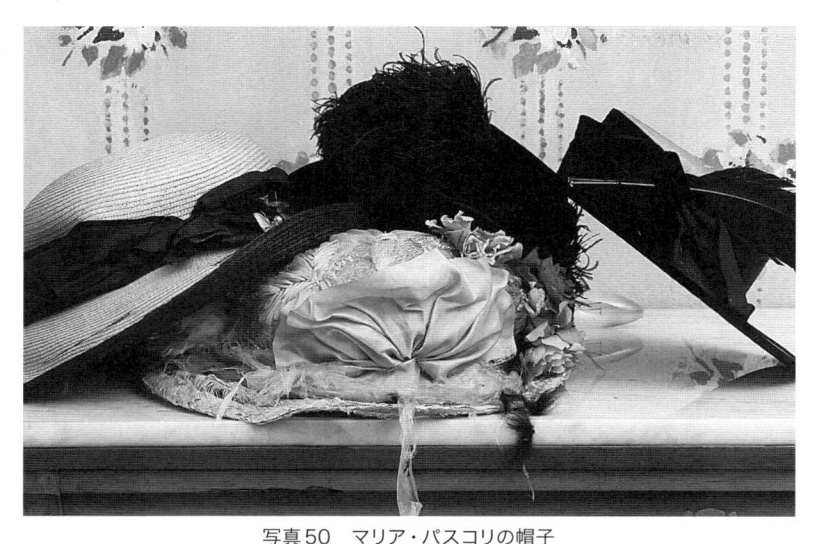

写真49　自筆の詩「マリア」、詩集『カステルベッキオの歌 Canti di Castelvecchio』より
Fig.49　Autografo della poesia “Maria” dai *Canti di Castelvecchio*

写真50　マリア・パスコリの帽子
Fig.50　Cappelli di Maria Pascoli nella sua camera

IV
Casa mia

Mia madre era al canc
Che pianto fu! che cuore!
sotto il trapunto ombrello
de la mimosa in fiore

M'era la casa avanti
dentro l'occaso puro,
tutta fiorita al muro
di rose rampican

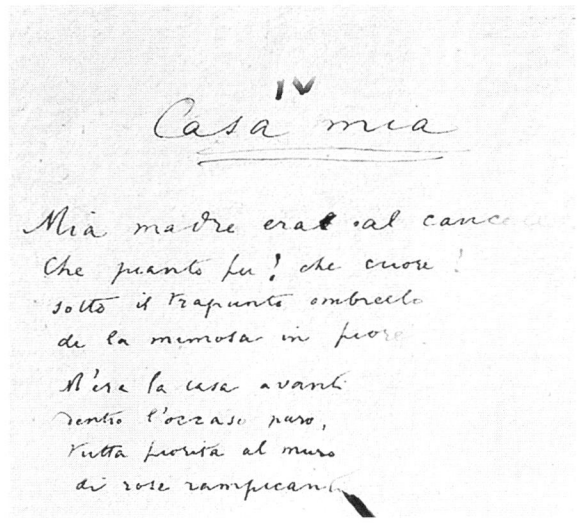

写真51　自筆の詩「わが家 Casa mia」、詩集『カステルベッキオの歌 Canti di Castelvecchio』より
Fig.51　Autografo della poesia “Casa mia” dai *Canti di Castelvecchio*

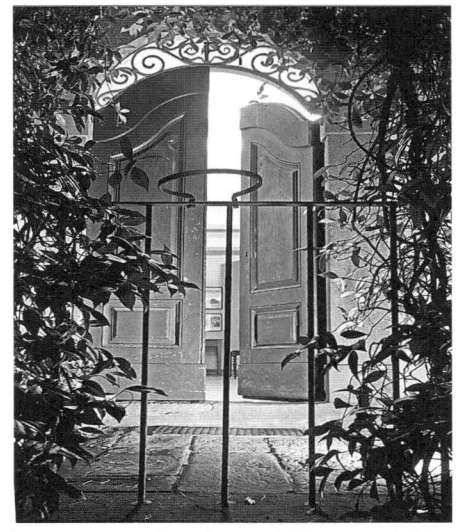

写真52　カステルヴェッキオ（バルガ）のパスコリ邸の入口
Fig.52　Porta d’ingresso di casa Pascoli a Castelvecchio (Barga)

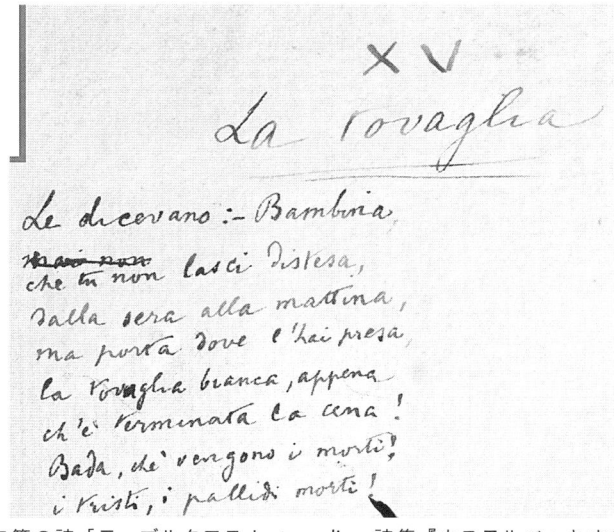

写真53 自筆の詩「テーブルクロス La tovaglia」、詩集『カステルベッキオの歌 Canti di Castelvecchio』より

Fig.53 Autografo della poesia "La tovaglia" dai *Canti di Castelvecchio*

写真54 パスコリ邸の台所用品

Fig.54 Suppellettili domestiche nella cucina di Casa Pascoli

Casa Pascoli: il vino prodotto da Pascoli nel suo podere (*Flos vineae*, fiore di vigna)

77

写真55　パスコリ邸、自身の農場で生産したワイン（Flos vineae、ブドウ畑の最高傑作）

Fig.55　Casa Pascoli: il vino prodotto da Pascoli nel suo podere (*Flos vineae*, fiore di vigna)

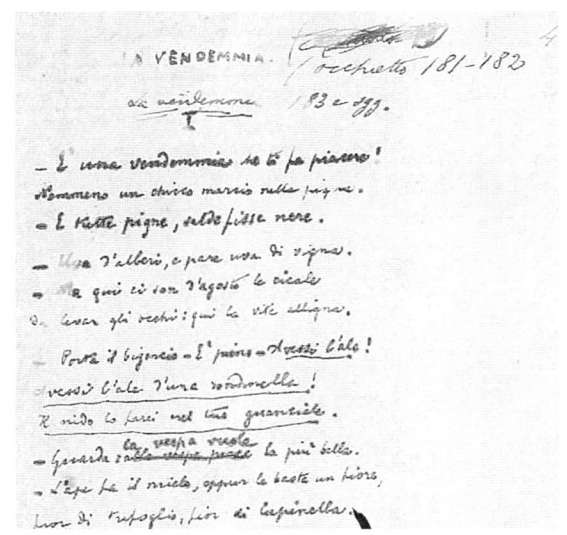

写真56　自筆の詩「ブドウの収穫 La vendemmia」、詩集『新小詩集 Nuovi poemetti』より

Fig.56　Autografo della poesia "La vendemmia" dai *Nuovi poemetti*

Lo scrittoio di Giovanni Pascoli

79

写真57　ジョヴァンニ・パスコリの書斎机

Fig.57　Scrittoio di Giovanni Pascoli

Pascoli fotografo: momenti di vita quotidiana ritratti dal Poeta con la sua Kodak

81

写真58　写真家パスコリ、コダックカメラで撮影された日常生活の瞬間

Fig.58　Pascoli fotografo: momenti di vita quotidiana ritratti dal Poeta con la Sua Kodak

写真59　屋上の望楼からのバルガの町の眺め。二つの鐘は両親のために妹から捧げられたもの

Fig.59　Barga come la vedeva Pascoli dall'altana della sua casa. Le due campane furono dedicate dalla sorella alle memoria dei genitori

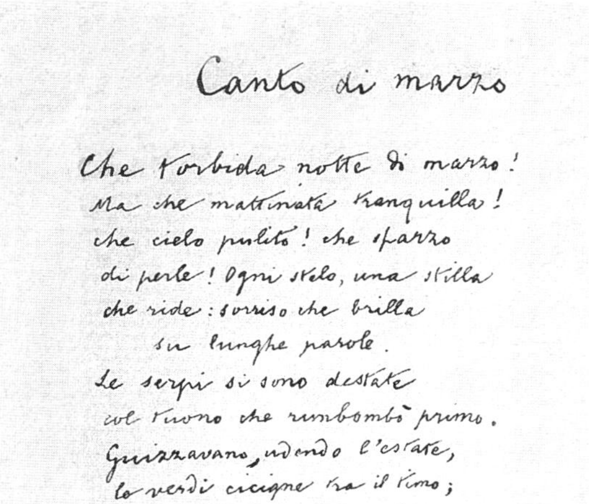

写真60　自筆の詩「3月の歌 Canzone di marzo」、詩集『カステルベッキオの歌 Canti di Castelvecchio』より

Fig.60　Autografo di "Canzone di marzo" dai *Canti di Castelvecchio*

写真61　パスコリのポータルサイト http://pascoli.archivi.beniculturali.it
Fig.61　Portale "Giovanni Pascoli nello specchio delle sue carte"

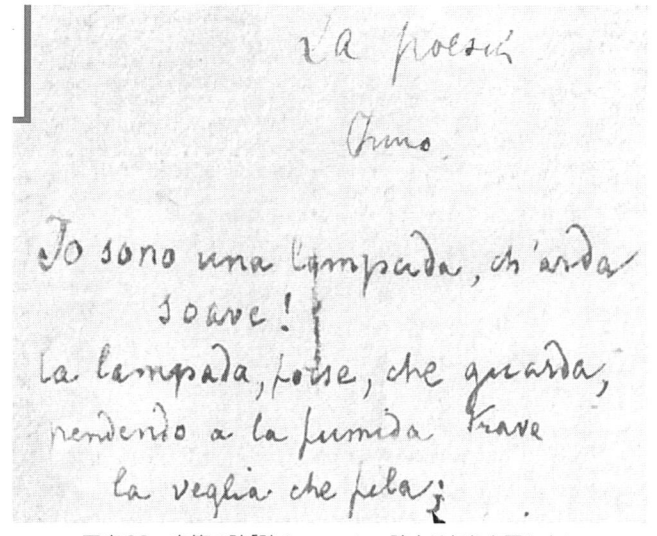

写真62　自筆の詩「詩 La poesia」、詩人は灯りを照らす！
Fig.62　Autografo de "La poesia": IL POETA È UNA LAMPADA!

写真63　外から見えるランプに照らされた詩人の書斎

Fig.63　Studio del Poeta visto dall'esterno della sua casa, rischiarato dalla lampada

写真64　ジャコモ・プッチーニ、交響的前奏曲イ長調の総譜の草案、1882年、ボッケリーニ音楽院所蔵、ルッカ

Fig.64　Giacomo Puccini, abbozzo della partitura del Preludio sinfonico in La maggiore,1882 (Istituto musicale Boccherini, Lucca)

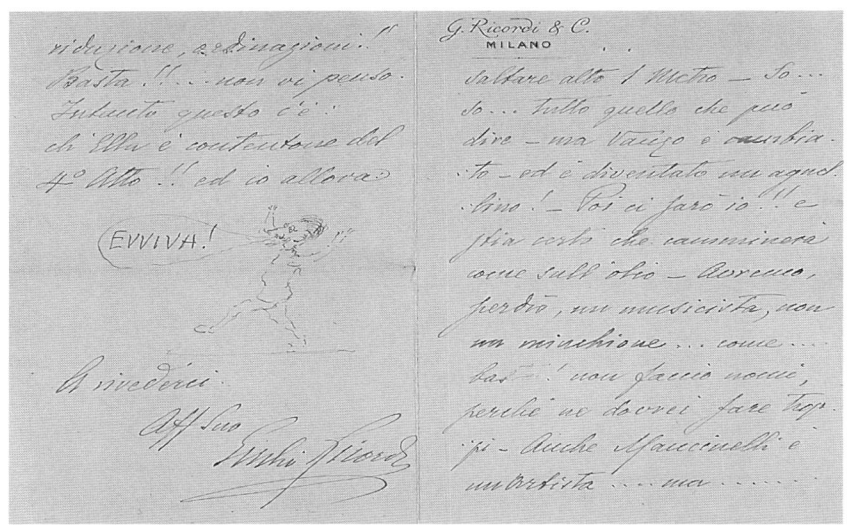

写真65　プッチーニに宛てられたジュリオ・リコルディからの手紙、1895年11月29日、プッチーニの生家博物館所蔵、ルッカ

Fig.65　Lettera di Giulio Ricordi a Puccini, Milano, 29.11.1895 (Museo Casa natale Puccini, Lucca)

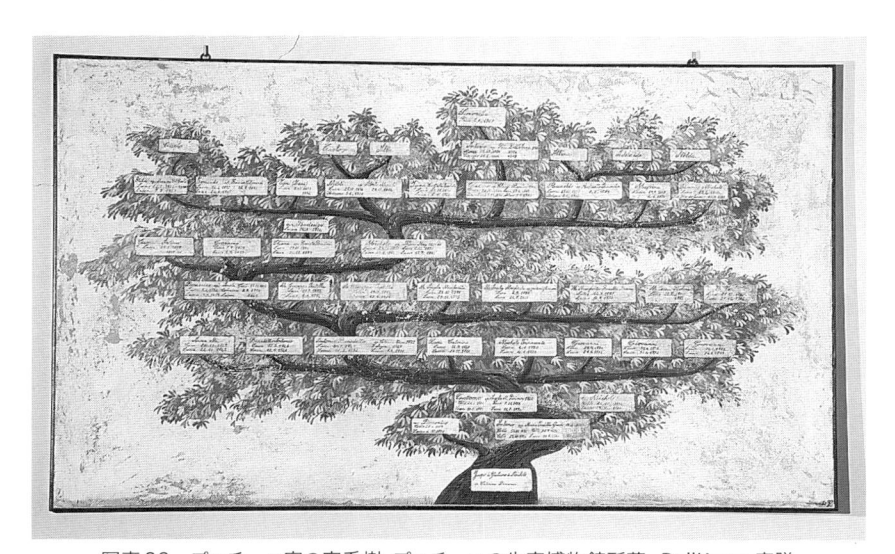

写真66　プッチーニ家の家系樹、プッチーニの生家博物館所蔵、Dell'Anna 寄贈

Fig.66　Albero genealogico della famiglia Puccini (Museo Casa natale Puccini, fondo Dell'Anna)

写真67　アルゼンチンの熱烈な支持者からジャコモ・プッチーニに贈られた名誉ディプロマ、1905年、プッチーニの生家博物館所蔵、Dell'Anna 寄贈

Fig.67　Diploma onorario dedicato a Giacomo Puccini dai suoi ammiratori argentini, 1905 (Museo Casa natale Puccini, fondo Dell'Anna)

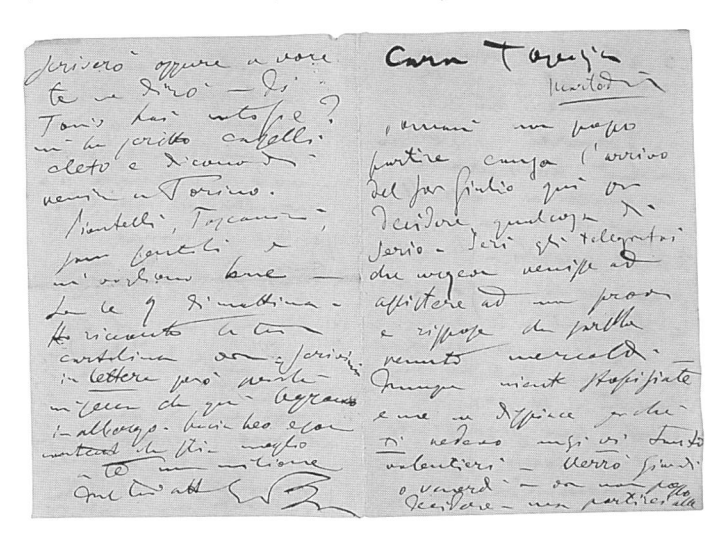

写真68　ジャコモ・プッチーニから妻エルヴィーラに宛てた手紙、トリノ、1896年1月14日、『ラ・ボエーム La Bohème』初演の舞台制作中、プッチーニの生家博物館所蔵、Dell'Anna 寄贈（写真69も同様）

Fig.68　Lettera di Giacomo Puccini alla moglie Elvira, Torino, 14.1.1896, durante l'allestimento della prima assoluta della Bohème (Museo Casa natale Puccini, fondo Dell'Anna)

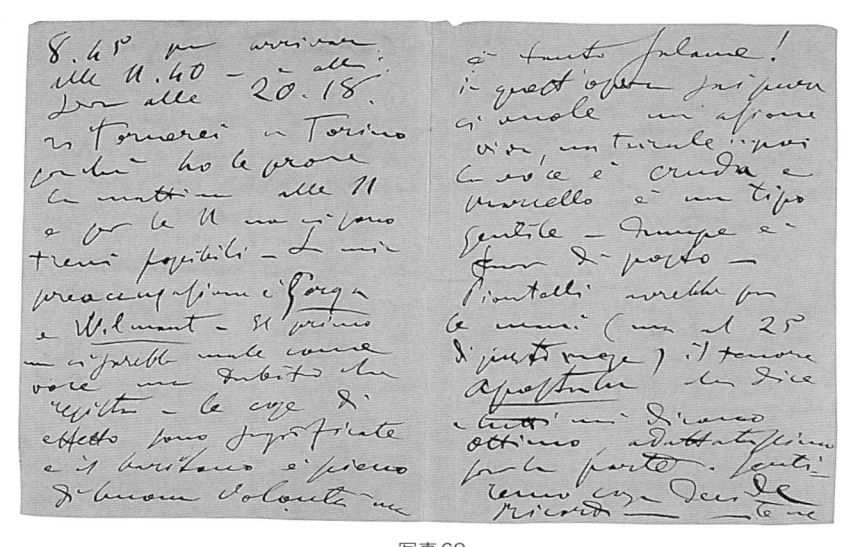

写真69

Fig.69　*Ibidem*

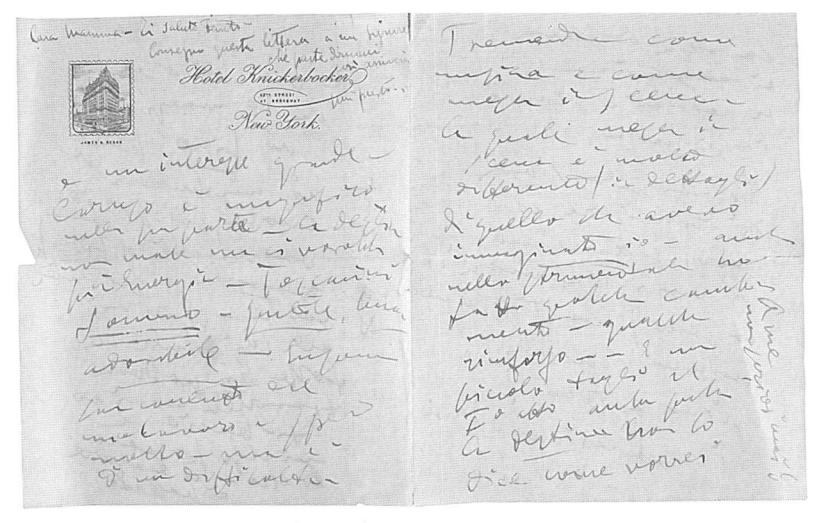

写真70　ジャコモ・プッチーニから妻エルヴィーラに宛てた手紙、ニューヨーク、1910年12月7日、
　　　　『西部の娘 La Fanciulla del West』初演、プッチーニの生家博物館所蔵、Dell'Anna
　　　　寄贈

Fig.70　Lettera di Giacomo Puccini alla moglie Elvira, New York, 7.12.1910, per la prima
　　　　assoluta de *La Fanciulla del West* (Museo Casa natale Puccini, fondo Dell'Anna)

写真71　『トスカ Tosca』ルッカ、1900年、ドメニコ・ギセッリ制作の版画、プッチーニの生家博物館所蔵、ギセッリ寄贈

Fig.71　*Tosca*, Lucca, 1900, Incisione di Domenico Ghiselli (Museo Casa natale Puccini, dono Ghiselli)

写真72　エドアルド・マルキオーロの『マノン・レスコー Manon Lescaut』第1幕、第3幕のスケッチ、1922年、プッチーニの生家博物館所蔵、マルキオーロ後継者寄贈（写真73も同様）

Fig.72　Bozzetti per il primo e terzo atto di *Manon Lescaut*, di Edoardo Marchioro, 1922 (Museo Casa natale Puccini, dono eredi Marchioro)

写真73

Fig.73　*Ibidem*

写真74　自家用ボートに乗るジャコモ・プッチーニ、アルマンド・ニエリ宛の自筆のサイン入り絵
　　　　葉書、バーニ・ディ・ルッカ、1909年7月、プッチーニの生家博物館所蔵、ニエリ寄贈

Fig.74　Giacomo Puccini sul suo ricochet, cartolina con dedica autografa al Sig. Armando
　　　　Nieri, Bagni di Lucca, luglio 1909 (Museo Casa natale Puccini, dono Nieri)

写真75　プッチーニの肖像

Fig.75　Ritratto di Puccini

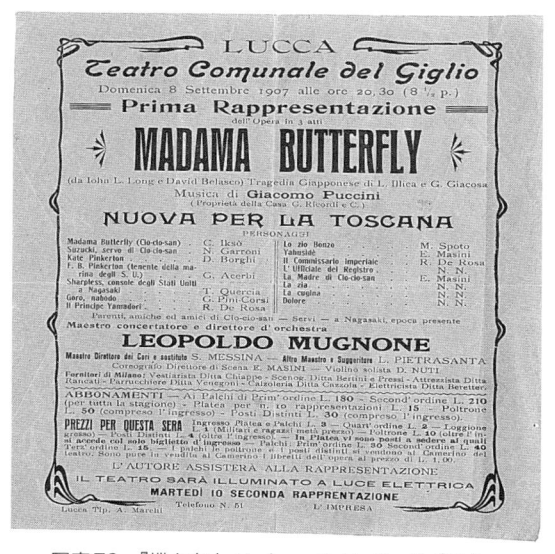

写真76　『蝶々夫人 Madama Butterfly』のポスター

Fig.76　Manifesto della *Madama Butterfly*

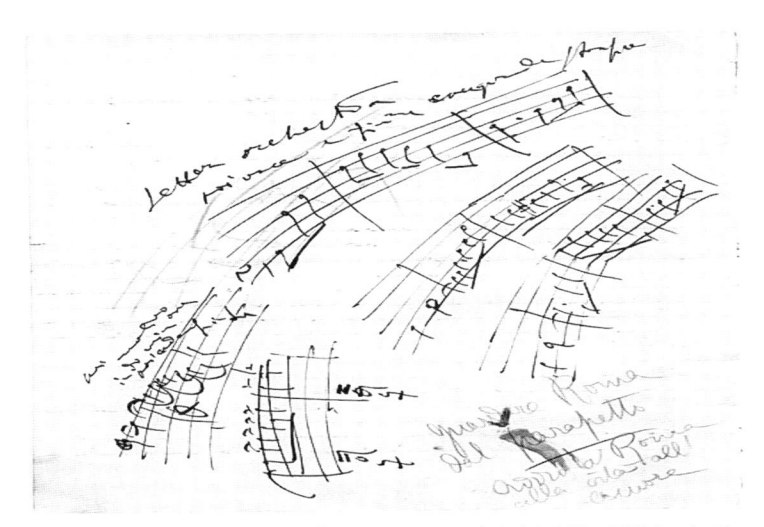

写真77　ジャコモ・プッチーニ自筆の『トスカ Tosca』の台本より楽譜の下書き、プッチーニの生
　　　　家博物館所蔵、カッサ・ディ・リスパルミオ・ルッカ財団コレクション

Fig.77　Giacomo Puccini, abbozzo musicale autografo dal libretto della *Tosca* (Museo Casa
　　　　natale Puccini, collezione Fondazione Cassa di Risparmio di Lucca)

写真78　ジャコモ・プッチーニから義理の兄弟ラッファエッロ・フランチェスキーニに送られた
　　　　郵便絵葉書、プッチーニの生家博物館所蔵、カッサ・ディ・リスパルミオ・ルッカ財団コ
　　　　レクション

Fig.78　Cartolina postale inviata da Giacomo Puccini al cognato Raffaello Franceschini
　　　　(Museo Casa natale Puccini, collezione Fondazione Cassa di Risparmio di Lucca)

写真79　トッレ・デル・ラーゴにおけるジャコモ・プッチーニ、プッチーニ・フェスティバル財団、ルッカ

Fig.79　Giacomo Puccini a Torre del Lago (Fondazione Festival Pucciniano di Lucca)

写真80　トッレ・デル・ラーゴの邸宅におけるジャコモ・プッチーニ、プッチーニ・フェスティバル財団、ルッカ

Fig.80　Giacomo Puccini nella sua villa di Torre del Lago (Fondazione Festival Pucciniano di Lucca)

写真81　農場の帳簿と文書が保存されていたレッジェッロのマンドリ農場の写字室

Fig.81　Scrittoio della fattoria Mandri (Reggello) dove solitamente venivano tenuti i registri e le carte della fattoria

写真82　リーブリ家一族のアーカイブズが収蔵されていたポンタッシエーヴェのヴィッラ・チェッレート

Fig.82　Archivio Libri, Villa di Cerreto - Pontassieve

写真83　洪水の被害を受けたフィレンツェのバルディーニ・リーブリ宮のリーブリ家一族のアーカ
　　　　イブズ

Fig.83　Palazzo Baldini Libri a Firenze, dopo il passaggio dell'alluvione

写真84　整理され、ポンタッシエーヴェのヴィッラ・チェッレートに再収蔵される前のリーブリ家
　　　　一族のアーカイブズ

Fig.84　Archivio Libri, Villa di Cerreto - Pontassieve, dopo essere stati descritto, elencato e
　　　　ricondizionata, trasferito temporaneamente nei locali della adiacente fattoria

写真85　トスカーナの田園風景
Fig.85　Immagine del paesaggio toscano

写真86　コルシーニ宮、フィレンツェ
Fig.86　Palazzo Corsini al Parione, Firenze

写真87　コルシーニ家一族の文書室、コルシーニ宮、フィレンツェ
Fig.87　Archivio Corsini al Parione, Firenze

写真88　コルシーニ家一族のアーカイブズの移転先、サン・カッシャーノのヴィッラ・レ・コルティ
Fig.88　Villa Le Corti (S. Casciano), trasferimento dell'Archivio Corsini

Nel settembre successivo tutti gli oltre 10.000 pezzi sono stati spolverati e laddove necessario ricondiziinati con faldoni nuovi.

写真89　コルシーニ家一族のアーカイブズの移転のための作業（清掃、整理）の様子
Fig.89　Archivio Corsini, Villa Le Corti (S. Casciano)

写真90　コルシーニ家一族のアーカイブズのサン・カッシャーノのヴィッラ・レ・コルティへの移転作業の様子（写真91・92も同様）
Fig.90　Archivio Corsini, Villa Le Corti (S. Casciano): alcune fasi del trasferimento

写真91
Fig.91 *Ibidem*

写真92
Fig.92 *Ibidem*

写真93　コルシーニ家一族のアーカイブズがサン・カッシャーノのヴィッラ・レ・コルティへ移動
　　　　された様子

Fig. 93　Archivio Corsini, Villa Le Corti (S. Casciano): archivio risistemato

写真94　グイッチャルディーニ家一族の文書室、フィレンツェ

Fig.94　Archivio Guicciardini, Firenze

写真95　ニッコリーニ侯爵の文書室、フィレンツェ

Fig.95　Archivio dei marchesi Niccolini, Firenze

写真96　文書の清掃作業の様子、ニッコリーニ侯爵の文書室、フィレンツェ

Fig.96　Recente spolveratura delle filze e registri Niccolini, Firenze

写真97　ヴェルニオのバルディ家一族の文書室、モンテスペルトリ、フィレンツェ
Fig.97　Archivio Bardi di Vernio, Montespertoli (FI)

写真98　マッツェイ伯爵の図書と文書室、フォンテルートリ、シエナ
Fig.98　Biblioteca e archivio dei marchesi Mazzei, Fonterutoli (SI)

写真99　ヴェッルーティ・ザーティ家一族の文書室、サン・クレメンテ、アンギアーリ
Fig.99　Archivio Velluti Zati di San Clemente, Anghiari

写真100　ヴェッルーティ・ザーティ家一族の整理される前の文書
Fig.100　Archivio Velluti Zati, ritrovato nella villa

写真101　リッチ・パラッチャ―ニ家一族の文書室
Fig.101　Archivio Ricci Parracciani

写真102　羊皮紙文書、グイッチャルディーニ家一族の文書、フィレンツェ
Fig.102　Pergamene distese, Archivio conti Guicciardini, Firenze

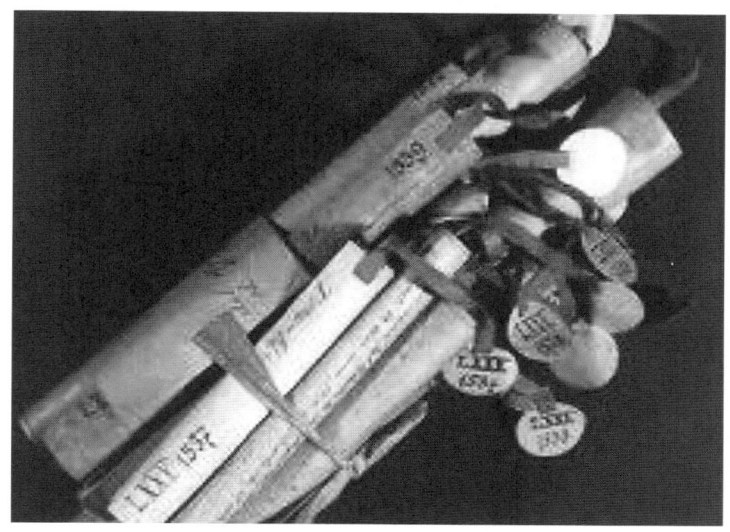

写真103　丸められた状態で保存される羊皮紙文書
Fig.103　Pergamene arrotolate

写真104　資産台帳
Fig.104　Classico libro mastro del patrimonio familiare

写真105　サン・カッシャーノのヴィッラ・レ・コルティのコルシーニ家一族の新しい文書室

Fig.105　Archivio Corsini, nuova sede a Le Corti (S. Casciano, FI)

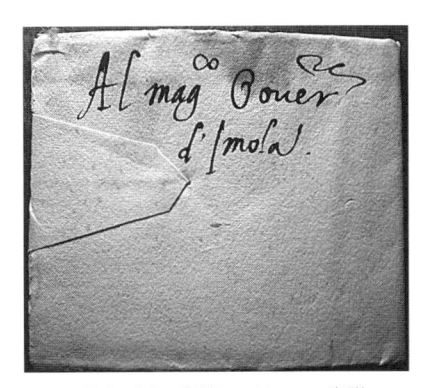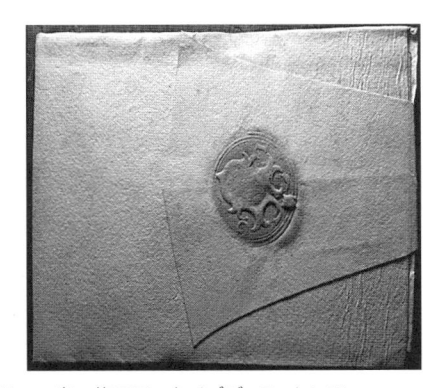

写真106　書簡、アラマンニ寄贈、ニコッリーニ家一族のアーカイブズ、フィレンツェ

Fig.106　Lettere, Fondo Alamanni, Archivio Niccolini, Firenze

写真107　農場の地図、グアダーニ家一族のアーカイブズ、国立フィレンツェ文書館
Fig.107　Pianta di un podere, Archivio Guadagni (Archivio di Stato di Firenze)

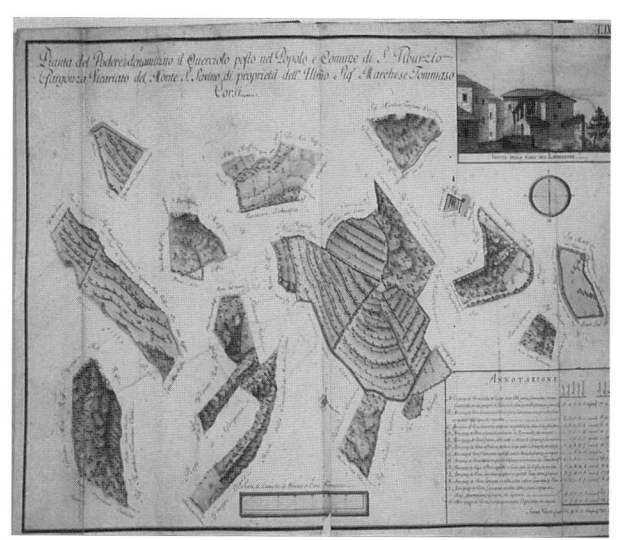

写真108　農場の地図、1708年、コルシ・サルヴィアーティ家一族のアーカイブズ、国立フィレンツェ文書館
Fig.108　Pianta di un podere, 1708, Archivio Corsi Salvati (Archivio di Stato di Firenze)

写真109　ヴィッラ・サレッタの財産目録に描かれた邸宅の絵図、1780年、国立フィレンツェ
　　　　文書館
　　　Fig.109　Veduta della Villa a Saletta, 1780 (Cabreo, Archivio di Stato di Firenze)

写真110　ヴィッラ・ドッチャの財産目録に描かれた邸宅の絵図、ジノーリ・リシィ家一族のアー
　　　　カイブズ、フィレンツェ
　　　Fig.110　Veduta della villa di Doccia (Cabreo, Archivio Ginori Lisci, Firenze)

写真111　『トスカーナの企業・産業アーカイブズ報告書』
Fig.111　Volume che raccoglieva i dati del primo censimento

写真112　典型的な整理前の企業アーカイブズの状態
Fig.112　"Tipico" archivio d'impresa prima del riordinamento

写真113　シエーレ鉱山の入口、アミアータ地域の鉱山アーカイブズ
Fig.113　Archivi minerari amiatini, ingresso della miniera del Siele

写真114　国立アミアータ鉱山博物館公園、アミアータ地域の鉱山アーカイブズ
Fig.114　Archivi minerari amiatini, Parco minerario Amiata

写真115　アミアータ山の鉱員へのインタビュービデオが公開されるwebサイト
http://www.archiviovideodistoriaorale.it/parcoamiata

Fig.115　Interviste con i minatori consultabili on line

写真116　ニッチョレータ旧鉱山の文書センターの入口

Fig.116　Ex miniera di Niccioleta, ingresso del Centro di documentazione

写真117　ラルデレロ化学会社の文書
Fig.117　Documenti della Società Boracifera di Larderello

写真118　チーニ・シトカ製紙工場の文書室
Fig.118　Stabilimento industriale toscano e Cartiera Cini - Sitca

写真119　カッラーラの私営大理石鉄道の様子
Fig.119　Ferrovia marmifera privata di Carrara

写真120　ヴァルダーノのガラス製品のカタログ
Fig.120　Catalogo della produzione del vetro, Valdarno

写真121　フィレンツェ商工会議所の文書室
Fig.121　Archivio storico della Camera di Commercio di Firenze

写真122　チョコレート会社の文書
Fig.122　Documento di un'industria di cioccolato

写真123　わらの製織業の文書
Fig.123　Documenti dell'industria dell'intreccio della paglia

写真124　ヴォルテッラのアラバスタ工芸協同組合のアーカイブズ
Fig.124 Volterra, Società cooperativa Artieri dell'alabastro

SOCIETÀ DEGLI ALABASTRI
in VOLTERRA
Cooperativa Anonima
PER AZIONI
Capitale Sociale Indeterminato
Sottoscritto L.
Versato

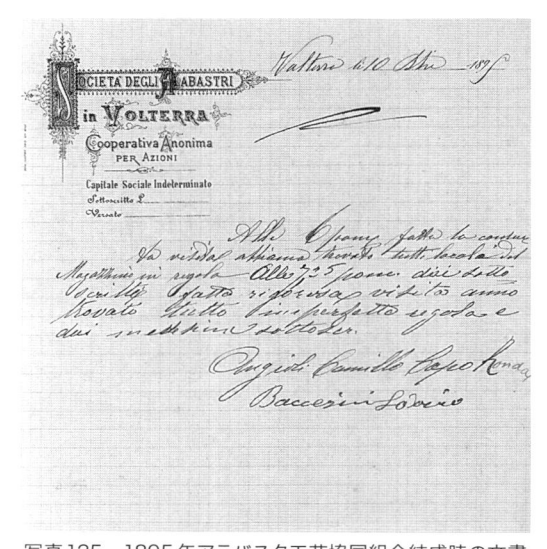

写真125　1895年アラバスタ工芸協同組合結成時の文書
Fig.125　1895 nasce la Società Cooperativa industriale degli alabastri

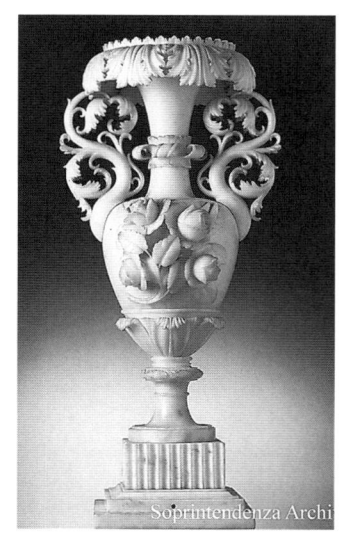

写真126　1905年推定、花装飾付き大壺
Fig.126 Grande vaso con decorazioni floreali, 1905 ca.

写真127　アラバスタ工芸協同組合の販売カタログ、1908年
Fig.127　Società industriale degli alabastri, Catalogo di vendita, 1908

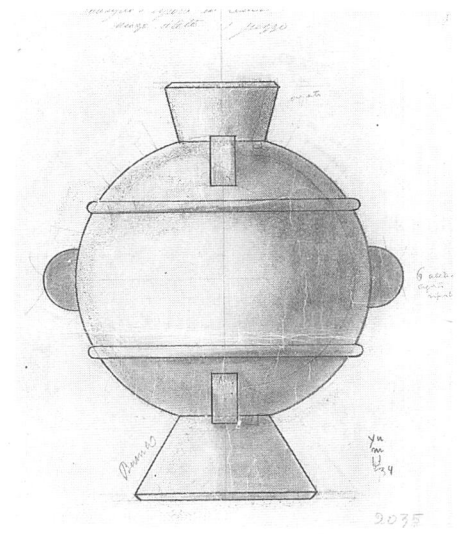

写真128　球状の壺のプロジェクト、ボルニャ作、1934年
Fig.128　Progetto per vaso sferico, Borgna, 1934

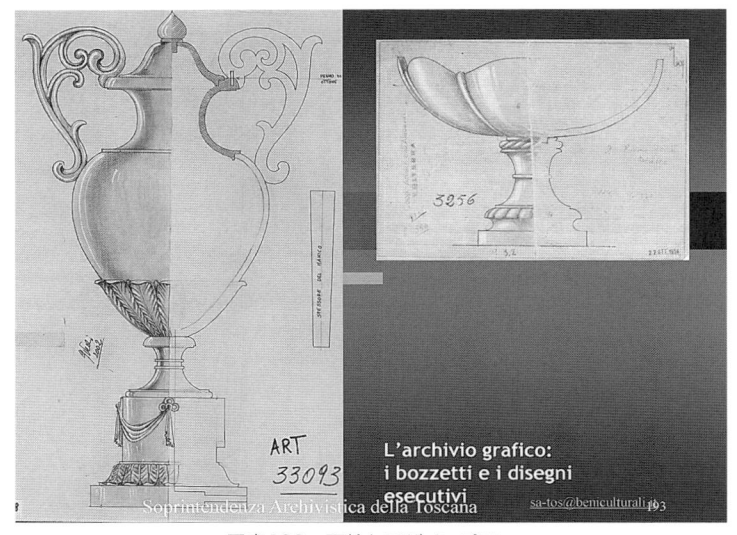

写真129　下絵とデザインプラン

Fig.129　Archivio grafico: bozzetti e i disegni esecutivi

写真130　写真文書：カタログ

Fig.130　Archivio fotografico: cataloghi di stampe

写真131 カタログ化された試作モデル

Fig.131 Archivio materia: prototipi

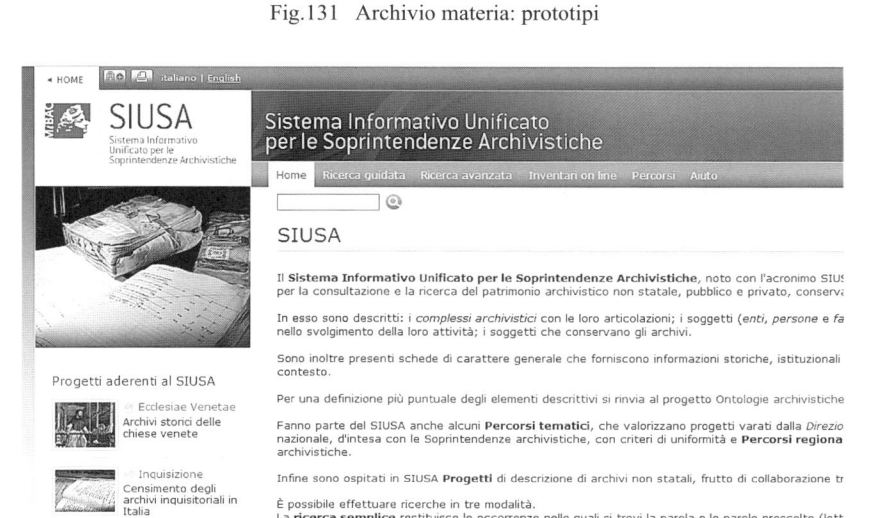

写真132 SIUSAのホームページ http://siusa.archivi.beniculturali.it

Fig.132 Homepage di SIUSA

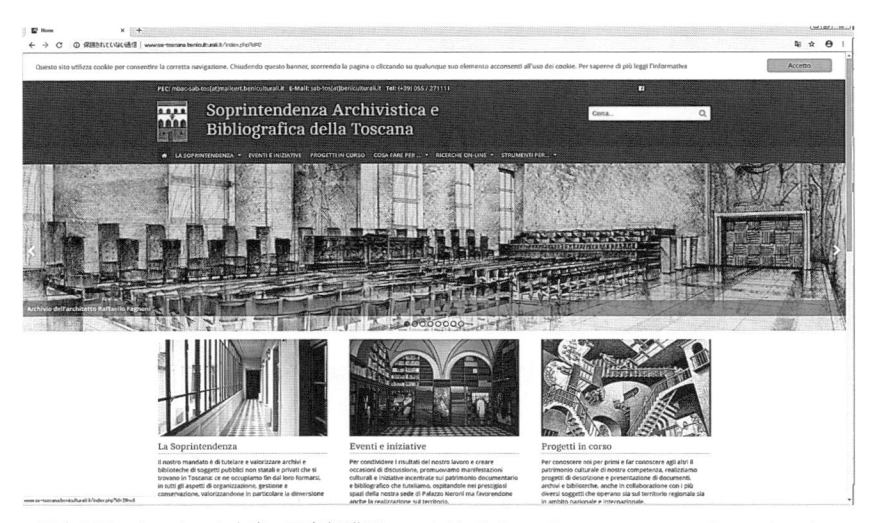

写真133　トスカーナ文書・図書保護局のwebサイトhttp://www.sa-toscana.beniculturali.it
Fig.133　Sito web della Soprintendenza Archivistica e Bibliografica della Toscana

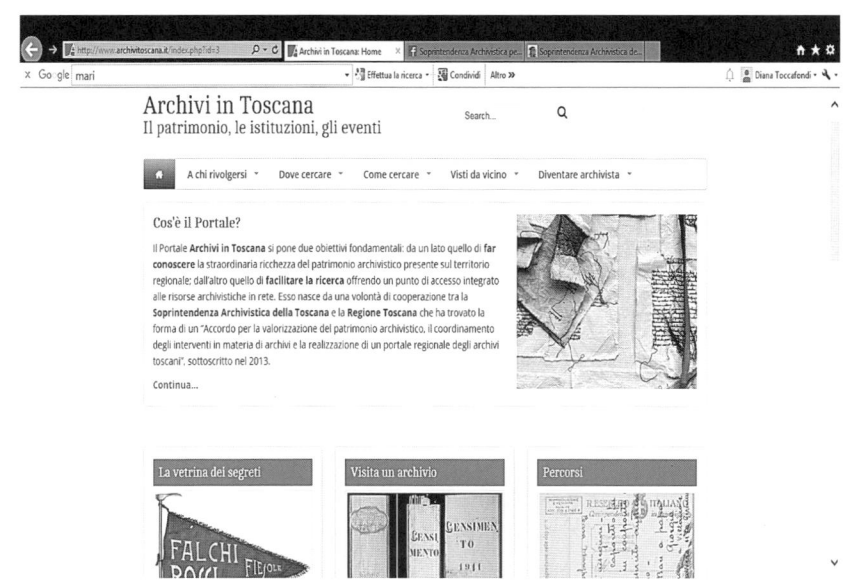

写真134　ポータルサイト「トスカーナのアーカイブズ」http://www.archivitoscana.it
Fig.134　Portale "Archivi in Toscana"

写真135　マリア・ライ、『拘束された言葉』
Fig.135　Maria Lai, "Parole imprigionate"

写真136　開かれた鞄
Fig.136　«valigie aperte»

執筆者紹介（掲載順）

檜山　幸夫（ひやま　ゆきお）
　　中京大学法学部教授

東山　京子（ひがしやま　きょうこ）
　　中京大学非常勤講師・中京大学社会科学研究所研究員

桑原　英明（くわばら　ひであき）
　　中京大学総合政策学部教授

酒井　恵美子（さかい　えみこ）
　　中京大学国際教養学部教授

手塚　崇聡（てづか　たかとし）
　　中京大学国際教養学部准教授

Diana Marta Toccafondi（ディアーナ・マルタ・トッカフォンディ）
　　トスカーナ文書・図書保護局局長

丸田　美香（まるた　みか）
　　シエナ外国人大学

公文書管理における現状と課題

2019 年 3 月 31 日発行　第 1 刷発行
編　　者　　中京大学社会科学研究所アーカイブズ研究プロジェクト
発行者　　橋本哲也
発　　行　　創泉堂出版
〒162-0808　東京都新宿区天神町 64 番
電　　話・03-5225-0162
印刷・製本　　創栄図書印刷株式会社
©2019 中京大学

ISBN978-4-902416-44-2　C3031　Printed in Japan